왜
어떤 정치인은
다른 정치인보다
위험한가

정치와 죽음의
관계를 밝힌
정신의학자의
보고서

왜
어떤 정치인은
다른 정치인보다
위험한가

제임스 길리건 | 이희재 옮김

교양인
GYOYANGIN

"역사를 분석할 때 너무 깊숙이 들어갈 필요는 없다.
역사의 인과 관계는 흔히 단순한 데서 찾을 수 있기 때문이다."

– 랠프 월도 에머슨

왜 보수가 집권하면
살인과 자살이 늘어나는가

- 조효제(성공회대 교수)

미국에서 폭력의 문제를 오랫동안 연구해 온 한 정신의학자가 통계를 분석하다 수수께끼에 빠졌다. 그가 분석한 자료는 1900년부터 미국 정부가 매년 공식적으로 펴낸 살인율과 자살률 통계였다. 수많은 연구를 해 온 저명학자였지만 그는 다음과 같은 사실 앞에서 도무지 갈피를 잡을 수 없었다. 첫째, 1900년부터 2007년 사이의 공식 통계에서 왜 살인율과 자살률이 함께 늘어나거나 함께 줄어드는 것으로 나오는가? 살인과 자살 사이에 어떤 관련이 있단 말인가? 정신적·심리적 문제로 스스로 죽음을 택하는 자살과, 범죄적 동기로 타인을 죽이는 살인이 어떻게 같은 추세로 설명될 수 있는가? 둘째, 1900년부터 2007년 사이에 왜 살인율과 자살률이 급격하게 증가하는 시기와 감소하는 시기가 번갈아 나타나는가? 이 통계 수치를 연도별 그래프로 만들어보았더니 이 기간 동안 세 번의 산봉우리와 세 번의 골짜기 형태가 나타났다.

기존의 설명 방식으로 도저히 이 문제들을 만족스럽게 풀기 어려웠다. 그러던 어느 날 이 정신의학자는 폭력 치사 발생률이 급증하는 세 번의 시기가 모두 공화당 소속 대통령이 집권한 시기와 겹친다는 사실을 우연히 발견했다.(이 학자는 살인과 자살을 합해서 이 현상을 '폭력 치사lethal violence'라고 부르기 시작했다.) 또한 폭력 치사가 급격하게 감소하는 세 번의 시기가 민주당 대통령의 집권 시기와 겹친다는 점도 확인했다. 더 자세히 조사해보니 미국 전체의 폭력 치사가 공화당 대통령의 취임 직후부터 늘기 시작해서 임기 말년쯤에 최고점에 도달하였다. 그런데 민주당 대통령이 취임하면 폭력 치사가 줄기 시작해서 임기 말년쯤에 최저점에 도달하였다. 1900년 당시 미국에서 살인율과 자살률을 합한 폭력 치사 발생률은 인구 10만 명당 15.6명이었다. 그때부터 2007년까지, 한 세기가 넘는 기간에 공화당 대통령들이 총 59년을 집권했는데 공화당 집권 기간을 통틀어 1900년과 비교해서 폭력 치사 발생률의 순누적 증가분이 19.9명으로 나타났다. 민주당 대통령들이 집권한 48년 동안에는 폭력 치사 발생률의 순누적 감소분이 18.3명으로 나타났다. 같은 내용을 다른 식으로 표현하면, 두 정당이 집권했을 때의 폭력 치사로 인한 사망률은 민주당 때가 공화당 때보다 10만 명당 38.2명 적었다. "오늘날 미국 인구 수준으로 나타내자면 이 수치는 민주당 정부 때 공화당 정부 때보다 폭력 치사로 죽는 사람이 약 11

만 4,600명 적음을 뜻한다." 공화당 대통령 집권기에는 살인과 자살이 훨씬 더 많이 일어났고, 민주당 대통령 집권기에는 살인과 자살이 훨씬 덜 발생했던 것이다.

이러한 발견에 스스로 놀란 정신의학자는 이 결과가 통계학적으로 유의미한지 여러 방면으로 대조 검토해보았다. 특정 정당 대통령의 집권과 자살률·살인율 사이에 단순한 상관 관계가 아니라 명확한 인과 관계가 성립하려면 공화당과 민주당이 취한 서로 다른 정책들이 사람들의 행동에 서로 다른 영향을 끼쳤다는 점을 입증해야 하기 때문이다. 그래서 대공황이나 세계대전 등 일반적인 정권 교체보다 더 중요한 역사적 사건들을 모두 분석해보았다. 결과는 마찬가지였다. 통계를 어떻게 해석하더라도, 어떤 다른 요인들을 고려해보더라도, 공화당-민주당 집권 시기와 자살률·살인율의 변동 간에는 인과 관계가 성립한다는 결론이 도출되었다. 그렇다면 이런 인과 관계를 어떻게 설명할 것인가? 이것은 말 그대로 '세기의 질문'이 아닐 수 없다.

마침내 정신의학자가 내린 결론은 다음과 같다. 공화당이 추구하는 정책은 사람들을 강력한 수치심과 모욕감에 노출시키기 쉬운 정책이다. 열패감과 열등감을 조장하며 타인을 무시하고 경멸하도록 부추기고 불평등을 찬미하는 문화를 숭상한다. 이런 분위기 속에서 사람들은 사회·경제적 지위를 상실했을 때, 특히 해고를 당했을 때, 극도의 수치심과 모욕감을 경험한다. 이런 식으로 수치심과 모욕감이 팽배해 있는 사회에서는 폭력 치사가 발생할 확률이 높아진다. 폭력 치사는 타인에게도(타살), 또 자신에게도(자살) 일어난다. 즉, 어떤 정당이 내세우는 정책의 방향이 여러 형태의 사회·경제적 스트레스와 불평등을 조장하고 그 결과 실업률, 수치심, 모욕감이 높아지면 그 사회에선 필연적으로 폭력 치사 발생률이 높아진다는 말이다. 오스트레일리아와 영국에서도 이와 유사한 결과가 나왔다. 이 정신의학자는 의사답게 이 문제를 담배와 폐암의 관계에 비유한다. "흡연이 폐암 발병률을 높인다는 사실이 밝혀졌듯이 공화당이 백악관을 차지하면 자살률과 살인율이 올라간다. 규칙적으로 운동을 하고 적포도주를 적당히 마시면 장수에 도움이 되듯이 민주당이 백악관을 차지하면 폭력 치사 발생률이 떨어진다." 그러므로 살인과 자살이라는 폭력 치사에 관한 한 공화당은 '위험 요인'이고 민주당은 '보호 요인'이라 할 수 있다는 것이다. 결과적으로 미국은 정치적 민주주의에만 신경을 썼지 사회적 민주주의는 간과한 탓에 이른바 선진국 대열에 있는 모든 나라들 중에서 인구 대비 살인율이 가장 높은 나라가 되어버렸다.

이런 연구를 내놓은 정신의학자는 폭력의 문제를 연구해 온 뉴욕대의 제임스 길리건 교수다. 그가 쓴 《왜 어떤 정치인은 다른 정치인보다 위험한가》에 지금까지 한 모든 이야기가 상세히 나와 있다. 정신의학 문제를 연구하다 우연히 정치적 결론을 내리게 된 길리건은 폐암을 치료하는 의사만큼이나 양심적이고 초연하게 결론을 내린다.

　　나는 폭력의 원인을 규명하는 일을 업으로 삼은 사람으로서 관심을 두었던 통계 수치를 들여다보면서 이 여행을 시작했다. …… 나는 자살률과 살인율이 동시에 올라가고 내려간다는 사실도 흥미로웠지만 20세기를 통틀어 분포 양상을 보면 산봉우리도 있고 골짜기도 있다는 것, 다시 말해서 이 비율들이 전염병 수준으로 올라간 시기도 있고 '정상'으로 여겨질 수준으로 내려간 시기도 있다는 사실도 흥미로웠다. 이 봉우리와 골짜기가 대통령 선거 주기와 일치함을 알아차렸을 때 나는 말 그대로 내 눈을 믿을 수가 없었다. …… 이 책에서 살인율과 자살률은 부표와도 같다. 이 부표들은 바닷길의 종착점이 낙심한 개인이나 살인자의 가슴이 아니라 백악관과 두 주류 정당의 상이한 경제 정책으로 이어짐을 보여준다. 다른 정치인들보다 더 위험한 정치인들이 있다. 그들이 나쁜 사람이거나 좋은 일을 결코 하지 않아서가 아니라 그들이 추구하는 정책이 죽음을 불러오기 때문이다.

　　나는 이렇게까지 정치적 결론이 명쾌한 비정치적 책을 읽은 적이 없고, 이렇게까지 사회적 함의가 분명한 정신의학서를 읽은 적이 없었다. 에밀 뒤르켐의 고전 《자살론》이 21세기 버전으로 환생했다고나 할까? 그래서 나는 이 책이 우리 독자들에게도 더 없이 중요한 정치적 함의를 던져줄 것이라고 확신한다. 이유는 간단하다. 책의 앞부분에서 길리건 교수가 인용한 미국의 사상가 랠프 월도 에머슨의 말 속에 그 답이 있다. "역사를 분석할 때 너무 깊숙이 들어갈 필요는 없다. 역사의 인과 관계는 흔히 단순한 데서 찾을 수 있기 때문이다."

차례

죽음과 정치의 미스터리

이 책은 살인에 관한 수수께끼를 소개한다는 점에서 한 편의 살인 미스터리다. 아니, 좀 더 정확하게는 '자기 살인', 곧 자살까지도 망라하여 살인을 추적한다는 점에서 연작 미스터리다. 내가 풀려고 하는 일련의 미스터리극은 곧바로 해명되지 않은 두 가지 질문으로 시작한다. 첫째, 우리는 보통 살인을 저지르는 사람은 스스로 목숨을 끊는 사람과 아주 다르다고(늘 그런 것은 아니지만 대체로 다르다) 생각하는데 어째서 살인율과 자살률은 같이 올라가고 같이 내려가는 경향이 있는(실제로 그렇다) 것일까? 두 번째 수수께끼는 미국 인구를 구성하는 개인들에게 의미심장한 변화가 일어날 수 있다고 보기에는 너무 짧은 기간 동안에 어째서 미국 국민의 살인율과 자살률이 어떤 때는 갑절 이상으로 늘었다가 또 어떤 때는 절반 이하로 줄어드는 것일까 하는 것이다.

정신의학 전공자로서 나는 임상의 신분으로 감옥에서 살인범을 접했고 자살 충동과 싸우는 죄수와 일반 환자도 접했다. 내가 던진 질문은 '누가 그것을 했나?'가 아니었다. 혹은 자살의 경우 누가 그런 유혹에 약하고 누가 그런 시도를 하는가가 아니었다(그런 수수께끼는 이미 풀렸다). 내가 던진 질문은 '어째서?'였다. 나는 또 살인율과 자살률이 천정부지로 치솟던 시절에 요청을 받아 매사추세츠 주의 여러 교도소에서 폭력 확산 문제와 씨름한 적이 있다. 그 경험을 통해서 나는 폭력이라는 전염병은 다스릴 수 있음을 깨달았다.

하지만 또 다른 유형의 전염병을 발견할 마음의 준비는 전혀 안 되어 있었다. 폭력의 원인과 예방에 관심이 있는 사람으로서 나는 미국과 전 세계에서 1년 단위로 보고되던 자살률과 살인율을 오래전부터 추적했다. 그러면서 이 비율이 어떤 시기에는 확 올라갔다가 또 어떤 시기에는 동시에 극적으로 확 내려감을 알아차렸다. 미국에서는 1900년부터 해마다 자살률과 살인율의 통계를 낸다. 나는 자살률과 살인율이 함께 오르내리는 경향이 있다는 데 주목했다. 그것은 한쪽을 끌어올리는 어떤 원인이 다른 쪽도 끌어올릴 가능성이 높음을 시사했다. 나는 봉우리와 골짜기로 이루어지는 변화 양상에도 주목했다. 1900년부터 2007년(비교할 수 있는 자료가 나온 마지막 해)까지 한 세기가 넘는 기간의 자살률과 살인율을 추적하면서 나는 이 폭력 치사* 수치가 갑작스럽게 장기적이고 큰 규모로 증가하고 감소하는 것을 세 번 보았다. 한번 꼭대기에 도달하면 그 다음에는 동시에 극적으로 하락하는 추세가 반복되었다. 증가세와 감소세가 모두 가파르고 일관되어서 (다시 말해 예외적으로 높거나 낮은 범위를 몇 년이나 몇십 년간 유지하면서, 그 안에서 한동안 꾸준히 이어지다가 들쭉날쭉 오르내리기를 거듭하기에) 이 사망률을 그래프로 그리면 중간중간에 골짜기가 박힌 산봉우리나 능선을 옆에서 바라본 모습처럼 보인다. 산정과 계곡의 차이가 어찌나 뚜렷한지 산꼭대기의 높이가 골짜기의 높이를 두 배 넘게 웃돌 때도 있었다. 그래서 내가 보는 것이 좀 더 '정상'에 가까운 일반적 비율로 돌아가는 시기가 사이사이에 끼어든 폭력 치사 전염병을 드러내는 지도라는 확신이 들었다.

나는 이 전염병을 일으키는 원인이 무엇인지 아무런 낌새도 못 채고 몇 년을 끙끙 앓았다. 그러던 어느 날 세 번의 폭력 치사 전염병이 모두 대통령 선거 주기와 맞아떨어짐을 알아차렸다. 구체적으로 들어가면 자살률과 살인율은 공화당 후보가 대통령으로 뽑힌 후에만 전염병 수준으로 올라가기 시작했고 공화당이 백악관을 차지한 동안에도 줄곧 전염병 범위를 벗어나지 않았다. 증가세는 취임 첫 해나 임기 초반 몇 해 안에 시작되어서 마지막 해나 임기 종반 몇 해 동안 절정에 달했다. 이 추세는 민주당 후보가 당선된 다음에야 비로소 반전되어 전염병 수준 밑으로 떨어지기 시작했다.

---

* 이 책에서 '폭력 치사'는 자살과 타살을 모두 아우르는 말로 쓴다. (역주)

하락세는 새로 민주당 정부가 들어선 첫 한두 해 안에 시작되었고 민주당 대통령이 백악관을 차지한 마지막 해나 후반기에 자살률과 살인율이 대체로 가장 낮은 수준으로 떨어졌다. 이런 연간 변화를 통계적으로 분석했더니 세 가지 경우 모두, 다시 말해 자살, 타살, 둘의 종합(자살률과 타살률을 합산한 수치)에서 모두 정당과 폭력 치사 발생률 사이에 통계적으로 유의한 연관성이 드러났다. 자살과 타살은 공화당이 백악관에 있을 때 늘어났고 민주당이 백악관에 있을 때 줄어들었으며 그 규모와 일관성은 우연의 탓으로 돌릴 수가 없었다.

처음 내 머리에 떠오른 생각은 '어떻게 이럴 수가 있나'였다. 이렇게 간단할 리가 없다. 이렇게 간단할 리가 만무하다. 폭력 치사 발생률을 끌어올리고 끌어내리는 것이 단지 대통령을 배출한 정당의 정치적 꼬리표일 리는 없다. 정당과 폭력 치사 사이에 우연적 상관 관계가 아니라 인과 관계가 있다면 그것은 두 당의 정책과 성과가 다르기 때문일 수밖에 없고 그런 차이가 사람들의 행동에 끼치는 영향에 있을 수밖에 없음이 자명해 보였다. 그렇지만 그런 차이가 정말로 있고 그런 차이가 폭력 치사 발생률에 끼치는 영향을 증명할 수 있단 말인가?

그리고 자살률과 살인율은 어째서 같이 움직이는 것일까? 두 수치가 나란히 오르내리는 그런 통계는 폭력에 대한 우리의 통념을 뒤집는다. 자살을 하는 사람은 대체로 슬픈 사람 아니면 미친 사람으로 여겨진다. 그런 사람은 정신과 상담실이나 병원에서 주로 보는 환자다. 살인을 하는 사람은 보통 범죄자로 여겨지고 나쁜 사람 취급을 받는다. 그런 사람에게 필요한 것은 치료가 아니라 처벌이라고 생각하는 게 일반적이며 그런 사람은 정신병원이나 개인 상담실이 아니라 주로 감옥에서 볼 수 있다. 자살 행동과 살인 행동의 원인도 개인 안에 있다고 보는 게 일반적이다. 우리는 자기 목숨을 끊는 사람은 우울증 병력이 있거나 우울증 같은 정신 질환에 걸리기 쉬운 유전적 기질이 있으려니, 아주 심한 정신적 충격이나 말기 암 같은 신체 질환에 시달리던 사람이려니 여긴다. 반면 다른 사람을 죽이는 사람은 인류을 저버린 괴물로, 문제아로, 범죄자로, '못된 종자'로, 아니면 그저 '악질'로 여긴다. 자살과 살인은 나란히 움직이며 둘 다 대통령 선거 주기와 관련이 있음을 통계가 엄연히 보여주고, 이런 자료는 공무원과 노련한 역학자(疫學者)와 미국 공중위생국 산하 국립보건통계원에서 일하는 통계학자가 작성한 것이지만 자살과 살인을 누가, 왜 하는지에 대해서 우리가 품고 있는 대부분의 고정 관념을 재고하지 않으면 이런 통계는 좀처럼 믿기 어렵다.

그래서 이 문제는 사실 간단하지 않고 의문은 깊어진다. 우연의 탓일 가능성이 아무리 낮다 하더라도 상관성이 인과성을 증명하는 것은 아니다. 미식 축구의 패자를 뽑는 슈퍼볼에서 AFC(아메리칸 풋볼 컨퍼런스) 소속 팀이 이기면 주식 가격이 떨어지고 NFC(내셔널 풋

볼 컨퍼런스) 소속 팀이 이기면 주식 가격이 치솟는다던 실없는 주장을 기억하는가? 그런데 41년 중에서 33년이 그랬으니 맞을 확률이 자그마치 80퍼센트다![1] 이런 예로도 알 수 있듯이 상관 관계는 둘을 연결하는 그럴듯한 인과 메커니즘 없이 그저 무의미한 우연의 일치에서 비롯할 때도 있다.

아니면 상관 관계는 두 현상과 연결된 제3의 변수 때문에 생겨난 것일 수도 있다. 심장마비 발생률이 한 사회의 전화기 보유율과 상관 관계가 있다면 그것은 거의 틀림없이 심장마비와 전화기 보유라는 두 변수가 그 사회의 경제 발전도와 관련이 있다는 사실 때문이며, 그 변수가 실제로 심장마비를 증가시키기는 하지만(수명이 늘어나면 인구 중 더 많은 비율이 심장마비에 걸리기 쉬운 연령대에 들어간다든가, 걷기보다는 자가용으로 출근하는 사람이 많아져서 운동을 덜 하게 된다든가, 동물성 지방과 콜레스테롤 섭취가 늘어난다든가 등등 여러 인과 메커니즘을 통해서), 단순히 전화기를 사는 것만으로도 심장마비에 걸린다는 주장을 뒷받침하는 인과 메커니즘은 가설조차 제기된 적이 없다.

하지만 정당과 폭력 치사 발생률 사이의 상관 관계는 어떻게 보아야 할까? 내가 풀려고 나선 것이 바로 이 수수께끼다. 정신분석학을 받아들인 정신의학자로서 나는 정치적 사건들이 아니라 사람들의 개인적 삶에서 일어나는 파란만장한 일들 속에서 정신적 고통이나 성격장애의 원인을 찾아내는 치료 전문가로 훈련받았고 주로 그런 쪽에서 경험을 쌓았다. 문학작품 독자로서 나는 영국의 문호 새뮤얼 존슨(Samuel Johnson)이 남긴 이런 말도 잘 안다. "사람의 심장이 견뎌낼 수 있는 그 모든 아픔 중에서 법과 왕이 일으키거나 고칠 수 있는 아픔은 참으로 적구나." 그렇지만 법과 왕이 사람의 심장을 도저히 견딜 수 없게 몰아가거나 반대쪽으로도 똑같이 강력한 힘을 발휘한다는 것을 보여주는 증거가 내 눈앞에 뻔히 있었다. 정권을 잡은 정당과 폭력 치사의 상관 관계에 담긴 수수께끼를 풀어내자면 대통령을 배출한 정당의 차이가 더 많은 사람을 자살이나 살인으로 몰아가거나 혹은 거꾸로 폭력 치사의 발생을 줄이는 인과 메커니즘을 밝혀낼 필요가 있다. 그것을 어떻게 밝힐 수 있을까?

1장 '삶과 죽음의 문제'에서 나는 내가 만든 것이 아니라 미국 정부가 작성한 통계 자료를 제시한다. 이 통계 자료가 보여주는 것은 다음과 같다. (1) 1900년부터 2007년까지 살인율과 자살률의 증감 (2) 폭력 치사 발생률이 전염병 수준으로 올라갔다가 다시 비전염병 수준으로 내려가는 세 번의 시기 (3) 폭력 치사 발생률이 전염병 수준으로 올라간 시기와 공화당 정부의 상관 관계, 폭력 치사 발생률이 비전염병 수준으로 내려간 시기와 민주당 정부의 상관 관계 (4) 자살률과 살인율의 연간 변화는 공화당이 집권한 59년 동안 (1900년을 기준년으로 잡았을 때) 순누적 증가세를 보였고 민주당이 집권한 48년 동안 같은 크기로 하락세를 보였다는 사실. (여기서

'순누적' 증가치나 감소치는 두 당이 집권한 기간에 일어난 연간 증가분과 감소분의 총계를 말한다. 1900년부터 2007년까지 전해에 비해 폭력 치사 발생률이 올라가거나 내려간 해는 모두 107년이었다. 공화당은 59년 동안 집권했고 민주당은 48년 동안 집권했다. 가령 미국의 폭력 치사 발생률은 1900년에는 10만 명당 15.6명이었고 1901년에는 17명이어서 1.4명이 늘었다. 1902년에는 이것이 15.7명으로 감소해서 1.3명이 줄었으니 공화당이 정권을 잡은 1901년과 1902년 2년 동안 순누적 증가치는 0.1명이다(다시 말해서 1.4명 빼기 1.3명, 혹은 달리 표현하면 15.7명 빼기 15.6명). 107년이라는 기간을 통틀어서 공화당이 정권을 잡은 59년 동안 폭력 치사의 순누적 증가치는 인구 10만 명당 19.9명이었고 민주당이 정권을 잡은 48년 동안 순누적 감소치는 이것과 거의 정확히 일치하는 18.3명이었다.)

통계 수치를 따져보고 나서 나는 특정 시기에 집권한 정당이 아니라 어떤 중대하고 특별한 역사적 사건이 수치를 왜곡했을 가능성을 배제하기 위해 가령 조사 대상 시기를 대공황까지로 끊는다든지, 2차 세계대전까지로 끊는다든지, 아니면 2차 세계대전 이후로 잡는다든지 하는 식으로 통계 수치를 이렇게도 잘라보고 저렇게도 썰어보았지만, 폭력 치사 발생률이 **오직** 공화당 정부 때만 전염병 수준으로 올라가고 **오직** 민주당 정부 때만 전염병 수준 밑으로 내려간다는 사실은 달라지지 않았다. 이렇게 시기를 좁혀 잡았는데도 공화당 집권기에는 자살률과 살인율이 연간 변화 누적치에서 모두 순**증가**세를 보였고 민주당 집권기에는 순**감소**세를 보였다. 정당과 폭력 치사 발생률이 안정된 상관 관계를 보이고 내가 그것을 논박하지 못하는 현실 앞에서 남은 질문은 이것이 과연 무엇을 뜻하느냐다. 어째서 이런 일이 생기고 어째서 이런 일이 반복해서 일어날까? 의사로서 내가 관심을 기울였던 것은 생사의 문제였지 정치가 아니었으며, 정치 주체에 연결된 우연한 발견을 통해 정치를 들여다보는 시도 또한 어디까지나 무엇이 이런 죽음을 낳고 어떻게 하면 아까운 목숨을 살릴 수 있을지를 알아보려는 노력에서 비롯된 것이다.

2장 '자살과 살인의 진짜 범인, 불평등'에서 나는 이렇게 묻는다. 폭력 치사 발생률의 변화와 상관 관계가 있는 변화가 대통령이 어느 정당으로 바뀌었느냐 하는 변화가 아닌 다른 사회 환경 차원에서도 일어났는가? 다시 말해서 실업의 비율과 지속성이나 경기 침체와 불황의 빈도, 강도, 지속성에서 비롯되는 변화나 사회·경제적 불평등의 정도에서 비롯되는 변화 같은 것이 폭력 치사 발생률의 변화와 상관 관계가 있는가? 이런 경제적 척도에서 비롯된 변화를 사람이 스스로 죽거나 남을 죽이려는 욕구를 높이거나 낮추는 인과 메커니즘의 하나로 볼 수 있을까?

3장 '보수는 경제에 강하고, 진보는 경제에 약한가?'에서 나는 탐구 범위를 넓혀 어느 정당이 정권을 잡았느냐에 따라 2장에서 확인한 경제 여건이 좋아지거나 나빠지는지를 묻는다. 그 과정에서 나는 새로운 수수께끼를 낳는 역설과 마주친다. 어째서 번영과 경제 성장을 이루는 정당이라 내세우고, 치안을 지키고 '법질서'를 세우는 정당임을 자처하면서 범죄와 마약과 '전쟁'을 벌이는 정당이 더 높은 폭력 치사 발생률, 빈곤율, 실업률, 경기 침체율과 관련이 깊단 말인가? 그리고 한 정당이 미국 국민에게 주는 경제적 부담과 고통이 다른 정당보다 일관되게 더 높고 한 정당이 이루어내는 번영과 경제적 안정 수준이 다른 정당보다 일관되게 더 낮은데, 그래서 경제를 일으키기보다는 경제를 망치는데 어째서 그 정당이 계속해서 선거에서 이기고 유력한 정당으로 건재한 것일까?

4장 '수치심이 사람을 죽인다'에서 나는 수수께끼의 핵심으로 파고든다. 그것은 남을 죽이려는 공격적 충동을 일으키는 감정, 자살처럼 그 충동을 도로 자신에게 겨누게끔 몰아가는 감정의 힘이 무엇인가다. 《폭력: 국가 전염병에 관한 성찰》에서 나는 수치심을 폭력의 근본 원인으로, 폭력적 행동의 (충분 동인은 아니지만) 필요 동인으로 짚어낸 바 있다.[2]

5장 '실직이 늘면 수치심이 커진다'에서 나는 실업, 상대적 빈곤, 사회·경제적 지위의 갑작스러운 상실이 수치심의 정도를 높이는 것으로 보이는지를 묻는다. 만약 높인다면 그것은 정치·경제적 사건과 개인의 행위 사이의 틈새를 메울 수 있을 것이다. 재정적으로 파산한 사람이 목숨을 끊기 쉽다는 것을 주변에서 접하는 일화 차원에서는 알고 있어도, 우리는 이런 비극적 사례들을 일종의 폭력이라는 전염병으로 여기는 것은 아직도 주저한다. 경제 규모가 커지면 가만 있어도 그 혜택이 저소득층에게도 자연스럽게 흘러들어 간다고 보는 '낙수 효과' 이론을 경제학에서 이야기하는 것과 마찬가지로 슬픈 사람이나 미친 사람과 악랄한 사람이나 나쁜 사람에게 모두 영향을 끼치는 폭력의 낙수 효과 이론이라는 것도 있을 법하지 않은가?

6장 '보수 정당 지지자와 진보 정당 지지자'에서는 숨을 고른다. 한 인구 집단(미국 국민)이 세월과 함께 어떻게 달라지는지를 살펴기보다 서로 다른 인구 집단들(공화당 지지자가 많은 이른바 적색 주들 대 민주당 지지자가 많은 이른바 청색 주들)이 똑같은 시기에 어떻게 달랐는지를 2000년과 2004년 두 해에 걸쳐서 알아본다. 그렇게 해서 이 두 가지 유형의 주들이 문화적으로 어떻게 다른지를 파헤치고 공화당 투표자와 민주당 투표자의 성향이 어떻게 다른지도 파헤칠 것이다. 그리고 마지막 7장 '정치가 삶과 죽음을 가른다'에서 나는 왜 폭력 치사 발생률이 공화당 정부 때는 올라가고 민주당 정부 때는 내려가는지에 관한 수수께끼를 푸는 한편, 이렇게 규명한 수수께끼가 우리가 정치, 경제, 폭력을 생각하는 방식에 던지는 의미가 무엇인지를 이야기할 것이다.

이 책에 나오는 자료의 복잡하기 이를 데 없는 통계 분석을 예일대 통계역학과의 라니 드사이(Rani Desai)와 함께 맡아준 나의 오랜 연구 동료 밴디 리(Bandy Lee) 박사에게 깊이 감사한다. 또 밴디 리 박사와 그의 정신의학과 동료인 브루스 웩슬러(Bruce Wexler) 박사가 편집과 관련하여 내게 값진 조언을 해준 데 고마움을 느낀다. 존 톰슨(John Tompson)과 나의 아내 캐럴도 편집과 관련하여 아주 유익한 소년을 해주 있나.

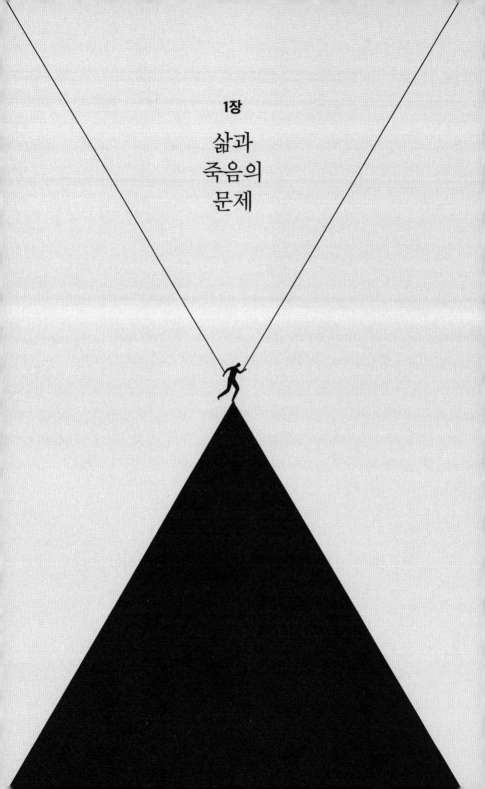

1장

삶과
죽음의
문제

공화당이 집권하면 죽음의 전염병이 번진다

1900년부터 1912년까지 20세기의 처음 13년 동안 미국 대통령은 공화당의 윌리엄 매킨리(William Mckinley), 시어도어 루스벨트(Theodore Roosevelt), 윌리엄 태프트(William Taft)였다. 1913년에는 민주당의 우드로 윌슨(Woodrow Wilson)이 집권하여 1920년까지 8년 동안 정권을 잡았다. 1900년부터 2007년까지 미국의 폭력 치사 발생률을 나타내는 그림 1.1의 그래프를 보면 선이 시작되는 1900년의 폭력 치사 발생률(자살률과 살인율의 합산)은 인구 10만 명당 15.6명이다. 여기서 말하는 폭력 치사 발생률은 '연령 보정' 수치임을 밝혀 둔다. 살인은 청년층에서 가장 많이 일어나고 자살은 노년층에서 가장 높게 나타나는 등 사망률이 나이에 따라 영향을 많이 받으므로 다양한 연령 집단의 인구 비율을 고르게 유지한다는 뜻이다. 연령 보정을 해서 한 인구 안의 연령 분포를 일정하게 유지해야만 그 인구 안에서 자살률이나 살인율이 유난히 높은 연령 집단

그림 1.1 미국에서 1900년부터 2007년까지 조사된 10만 명당 연간 폭력 치사 발생률(자살률과 살인율의 합계). 1940년을 기준으로 연령 보정을 했다. (1933년까지는 48개 주 전부가 대상에 들어가지는 않았다)
출처: 더글러스 에크버그(Douglas Eckberg), "Estimates of Early Twentieth-century U.S. Homicide Rates: An Econometric Forecasting Approach(20세기 초 미국 살인율 추산: 계량경제학적 접근과 예측)", Demography, 32: 1~16, 1995; 폴 홀링거(Paul Holinger), 《미국의 폭력 사망(Violent Deaths in the United States)》, New York: Guilford Press, 1987.

비율의 증감에 따라 사망률이 인위적으로 영향을 받지 않는다. 미국 경제 통계를 낼 때 인플레이션을 고려하여 달러 가치를 일정하게 유지하는 것이 중요한 것과 똑같은 이유에서 출생 사망 통계를 낼 때도 연령 보정이 중요하다. 이것은 그래프에 나타난 사망 통계가 가령 2차 세계대전 이후의 '베이비붐' 현상에 따른 인위적 파생물이나 부수 효과가 아님을 뜻한다.

그림으로 돌아가서, 그래프의 선은 1900년의 15.6명으로 시작해서 가파른 상승세를 보이면서 줄기차게 올라가다가 1907년의 (금융) 공황 이후 껑충 뛰고 1908년과 1911년 즈음이면 10만 명당 폭력 치사 발생률이 22.6명으로 정점에 이른다. 출발 지점인 1900년보다 50퍼센트 높다. 그래서 우리는 공화당이 백악관을 차지한 1900년에서 1912년 사이에 폭력 치사가 비전염병 수준에서 전염병 수준으로 급증했음을 본다. 좀 더 알기 쉽게 설명하자면, 폭력 치사가 그림에서 1명 늘어나는 것은 지금 3억에 육박하는 미국 인구 중 3천 명이 더 죽는다는 뜻이다. 결국 1900년부터 1912년까지 폭력 치사 발생률이 15.6명에서 21.9명으로 6.3명이 늘었다는 것은 요즘으로 치자면 해마다 약 18,900명이 폭력 치사로 더 죽는다는 소리다.

1913년 3월 우드로 윌슨이 집권하면서 취임 첫해에는 폭력 치사 발생률이 계속 전염병 수준으로 올라가고 이듬해인 1914년에는 23.3명으로 늘었지만, 그 다음부터는 가파른 감소세를 보여서 그가 대통령으로 있던 나머지 6년 동안 (미국이 1차 세계대전에 잠깐 참전하기 한참 전 시기, 참전한 시기, 참전한 이후 시기를 망라하여) 해마다 꾸준히 떨어졌고 결국 윌슨이 마지막으로 한 해를 꼬박 대통령으로 재임한 1920년에는 폭력 치사 발생률이 17.4명으로 바닥을 쳤다. 요컨대 공화당 대통령들이 재임한 시기는 폭력 치사가 전염병 수준으로 올라가는 경향과 연관이 있었고 민주당 대통령으로 바뀌면 이런 추세가 역전되고 전염병 수준 아래로 내려가는 현상이 나타났다.

그러나 역전된 추세는 오래 가지 않았다. 다음 12년 동안 공화당 대통령들(워런 하딩Warren Harding, 캘빈 쿨리지Calvin Coolidge, 허버트 후버Herbert Hoover)이 백악관을 차지했고 그림 1.1이 보여주듯이 폭력 치사 발생률은 하딩 정부 첫해부터 다시 전염병 수준으로 급증해서 공화당이 백악관을 차지한 12년 동안 줄곧 '(전염병) 능선'에 머물렀고 공화당 집권 3년째인 1923년부터는 거의 매년 올라갔다. 가파른 상승세는 계속 이어져서 공화당이 마지막으로 한 해를 꼬박 집권한 1932년에는 10만 명당 폭력 치사 발생률이 26.5명으로 정점에 올랐다. 이 상승세가 대공황이 시작된 1930년 훨씬 이전부터 시작되었다는 데 주목할 필요가 있다. 민주당의 윌슨이 집권한 마지막 해에 17.4명이었던 폭력 치사 발생률은 공화당으로 정권이 바뀌면서 상승하여 1929년이면 벌써 22.3명이나 되었다. 폭력 치사 발생률은 대공황이라는 최악의 시기로 접어들면서 더 높이, 더욱 가파르게 올라가서 결국 26.5명을 기록했다. 윌슨이 마지막으로 재임했던 해보다 인구 10만 명당 폭력 치사 발생률이 무려 9.1명이나 올라간 것이다. 이것이 어느 정도 크기인지 좀 더 알기 쉽게 설명하면, 오늘날 인구로 따졌을 때 해마다 자살자와 피살자가 27,300명씩 늘어나는 것에 해당한다. 이와 같이 공화당 후보가 1920년에 대통령에 당선되면서 폭력 치사는 또 다시 전염병 수준으로 급증했고 공화당 정권이 민주당 정권으로 바뀌기 전 마지막 해였던 1932년까지 계속해서 불어났다.

1933년 프랭클린 루스벨트(Franklin Roosevelt)가 대통령에 당선되면서 민주당은 20년 동안 장기 집권에 들어간다. 해리 트루먼(Harry Truman)은 루스벨트의 후임으로 1945년부터 1952년까지 백악관을 지켰다. 민주당은 케네디(John F. Kennedy)와 존슨(Lyndon Johnson)이 대통령으로 재임한 60년대까지 치면 실제로는 1933년부터 1968년까지 36년 중에서 28년 동안 집권했다. 이 기간 동안 공화당 대통령은 1953년부터 1960년까지 백악관을 차지한 드와이트 아이젠하워(Dwight Eisenhower)뿐이었다. 아이젠하워는 공화당원이었지만 그는 재임하는 동안 폭력 치사 발생률이 올라가지 않은 유일한 공화당 대통령이다. 아이젠하워가 대통령으로 재임한 동안 폭력 치사 발생률은 그 전의 민주당 정부 때와 같은 수준을 유지했다.

우리가 품은 수수께끼의 관점에서 보았을 때 가장 놀라운 점은 루스벨트의 당선 이후 시작된 20년이, 또는 심지어 36년이 가장 긴 '골짜기'로 이어졌다는 사실이다. 그것은 20세기에 들어와서 가장 오랫동안 폭력 치사 발생률이 전염병 수준 아래를 꾸준히 밑돈 시기였다. 그래프를 보면 알 수 있다시피 루스벨트가 취임 첫해인 1933년에 공화당으로부터 물려받은 폭력 치사 발생률은 26.5명이었지만, 그 뒤로 갑자기 뚝 떨어지며 거의 중단 없는 감소세를 이어가기 시작해서 미국이 2차 세계대전에 참전하기 전 마지막 해였던 1941년에는 전염병 수준의 기준치인 19명보다 낮은 18.8명으로 떨어졌다. 그리고 1942년부터 1967년까지 꼬박 사반세기 동안 그 수치는 두 번 다시 18명 수준을 넘지 않았다.

'전염병'이라는 용어를 좀 더 정확하게 쓰기 위해서 나는 지난 한 세기 동안의 폭력 치사 발생률의 평균값과 중간값을 모두 계산했는데 각각 19.4명과 20명이었다. 나는 '전염병'이라는 용어를 유난히 높은 사망률, 다시 말해서 이 평균값이나 중간값을 웃도는 사망률을 가리키는 데 쓴다. 그래서 내가 전염병이라고 말할 때는 폭력 치사 발생률이 19.4명이나 20명에서 지난 한 세기 동안의 최고치였던 26.5명의 범위 안에 있다는 뜻이다. 거꾸로 비전염병 수준이라고 말하면 그것은 폭력 치사 발생률이 11명에서 19.4명의 범위 안에 있다는 뜻이다. (내가 전염병이라고 부르는 기간 동안 거의 모든 폭력 치사 발생률은 20명을 한참 웃돌았고 내가 '정상'이라고 부르는 기간 동안은 19.4명을 한참 밑돌았다. 그래서 '능선'과 '골짜기'를 대충 가르는 기준선을 19.4명으로 보든 20명으로 보든 큰 차이가 없다.)

정리하자면, 윌슨 이전의 세 공화당 대통령과 마찬가지로 루스벨트 이전의 세 공화당 대통령이 재직하는 동안 폭력 치사 발생률은 전염병 수준에 이르렀다. 윌슨과 마찬가지로 루스벨트는 전염병을 끝냈다. 후임 민주당 대통령들은 폭력 치사 발생률을 전염병보다 낮은 수준으로 유지했다.

여기서 다시 한 번 강조하는데, 숫자 자체는 작아 보일지 모르지만(10만 명당 사망률이 가령 매년 18명에서 19명으로 늘어난 것도, 심지어 15명에서 20명으로 늘어난 것도 그저 매년 1명이나 5명이 늘어난 것처럼 들릴지 모르지만) 지금의 미국 인구 3억 명을 놓고 생각하면 숫자가 1 커지는 것은 폭력 치사로 죽는 사람이 해마다 3천 명씩 늘어난다는 뜻이다. 2001년 9월 11일 미국에서 쌍둥이 빌딩 테러로 목숨을 잃은 사람의 수와 얼추 비슷하며 그 3천 명의 죽음이 역사를 바꾸어 미국이 아직도 끝내지 못한 두 번의 전쟁을 정당화했다는 점에서 이 숫자는 절대로 사소하지 않다.

지금까지 우리는 1900년부터 2007년까지 일어난 세 번의 폭력 치사 전염병 중에서 처음 두 번을 살펴보았다. 두 번 모두 공화당 대통령 때 시작되어서 민주당 대통령 때 끝났다는 사실도 확인했다. 첫 번째 전염병은 시어도어 루스벨트 대통령의 임기 중반에 시작되어(루스벨트의 임기 첫해 폭력 치사 발생률은 15.6명이었고 임기 마지막 해에는 21.9명이었다) 윌슨이 대통령에 당선된 1913년에 끝났다(윌슨의 임기 마지막 해 폭력 치사 발생률은 17.4명까지 내려갔다). 1921년부터 다시 공화당 대통령들이 정권을 잡은 12년 동안 사망률은 해마다 가파른 상승세를 보여 1932년에 26.5명으로 사상 최고의 폭력 치사 발생률을 경신했다. 이 기록은 아직도 깨지지 않았다. 이 높은 사망률은 루스벨트 대통령이 당선되면서 1944년에는 15명까지 줄어들었고 큰 전쟁이 끝난 다음에는 대체로 그렇기만(그 이유는 나중에 설명하겠다) 2차 세계대전이 끝나고 나서 잠깐 오름세를 보였다가(그것도 전염병 수준에는 한참 못 미치는 수준) 다시 내림세로 돌아서서 트루먼의 재임 마지막 두 해인 1951년과 1952년까지는 1944년의 15명 수준으로 떨어졌다. 폭력 치사 발생률은 프랭클린 루스벨트의 마지막 두 차례 임기 내내 전염병 수준을 밑돌았고 트루먼, 아이젠하워, 존 F. 케네디, 린든 존슨 정부에 들어가서도 줄곧 전염병 수준을 밑돌았다.

하지만 1969년 존슨이 공화당의 리처드 닉슨(Richard Nixon)으로 바뀌면서 폭력 치사 발생률은 20세기 들어 세 번째로 전염병 성층권을 향해 다시 빠르게 치솟았다. 사망률은 닉슨 정부 첫해부터 올라가기 시작해서 취임 2년째를 맞은 1970년에는 19.9명으로 전염병의 '바닥' 수준으로 올라섰고 그 뒤로도 해마다 올라가서 1975년에는 23.2명을 기록했다. 민주당의 지미 카터(Jimmy Carter)가 1977년부터 1980년까지 대통령으로 재직한 4년 동안 21.9명에서 22.9명으로 전염병 수준을 유지했고 공화당의 로널드 레이건(Ronald Reagan)과 아버지 조지 부시(George Bush)가 대통령으로 재직한 1981년부터 1992년까지도 19.9명에서 22.4명으로 여전히 전염병 수준을 유지했다.

1993년 공화당 출신의 전임자 부시로부터 21.7명의 폭력 치사 발생률을 물려받으며 빌 클린턴(Bill Clinton)이 대통령에 취임하자 폭력 치사 발생률은 가파르고 일관되게 내림세를 보이기 시작하여, 그가 임기 4년의 대통령으로 재선된 첫해인 1997년에는 18.3명으로 전염병 수준 밑으로 떨어졌고 임기 마지막 해인 2000년에는 16명으로 떨어졌다. 그 전까지 공화당은 1969년부터 1993년까지 24년 중에서 20년을 집권했다. 20세기에 들어와 세 번째로 1970년부터 1997년까지 장장 28년이나 계속되었던 폭력 치사 전염병을 끝낸 것은 연임에 성공한 클린턴 대통령이었다.

공화당의 아들 조지 부시가 클린턴의 뒤를 이어 2001년 대통령에 당선되자 클린턴 재임기에 일어났던 폭력 치사 발생률의 급감세가 갑자기 끝나고 사망률은 오름세로 돌아섰다. 비교 자료가 있는 마지막 해인 2007년 현재 폭력 치사 발생률은 17.2명에 달했다.

요컨대, 그림 1.1의 그래프가 보여주듯이 20세기에 세 번의 폭력 치사 전염병이 일어났는데 모두 공화당 정부 때 시작되었고 민주당 정부 때 끝났다. 매년 꾸준한 내림세를 보였어도 시간은 제법 걸렸지만 그래도 민주당 정부는 1918년과 1941년과 1997년에 이 전염병을 모두 종식시켰다. 전염병은 1904년부터 1917년까지, 1921년부터 1940년까지, 1970년부터 1996년까지 전부 합쳐 61년 동안 지속되었다. 그리고 폭력 치사 발생률이 전염병 수준을 밑도는 '골짜기'

범위에 머물러 있었던 1918~1920년, 1941~1969년, 1997~2007년
의 세 시기는 모두 민주당 정부 때(1918년, 1941년, 1997년) 시작되었
고 전부 합쳐 43년 동안 지속되었다. 세 번의 비전염병 기간 중에서
처음 두 번은 공화당으로 정권이 바뀌면서 끝났다. 가장 이 비전염
병 기간이 아들 부시의 재임 마지막 해인 2008년에 끝났을지 여부
는 2007년 이후의 비교 자료가 아직 없기 때문에 현 시점에서는 속
단하기 어렵다. 우리가 아는 것은 클린턴 때 해마다 이어지던 자살
률과 살인율의 내림세가 아들 부시가 집권하자마자 갑자기 끝나
고 오름세로 돌아서기 시작했다는 사실이다.

미국의 폭력 치사 발생률은 1941년이 끝나 갈 무렵 미국이 2차
세계대전에 참전한 뒤에도 계속해서 떨어졌지만[1] 하락세는 그 훨씬
전부터 시작되었기에, 공화당 집권 말년인 1932년에 26.5명이던 것
이 1941년에는 18.8명으로 떨어져서 미국이 참전하기 전에 이미 전
염병 수준 밑으로 내려갔다. (자살과 살인을 망라한) 폭력 치사 발생
률은 전쟁 기간에도 계속 떨어져서 전쟁이 극에 달했던 1944년에는
15명까지 내려갔다. 그리고 그 뒤로 트루먼, 아이젠하워, 케네디, 존
슨이 대통령으로 재임한 전후 14년(1951~1964년) 동안은 14.3명에서
15.9명으로 대략 비슷하거나 그보다 낮은 수준에 머물렀다. 따라서
루스벨트가 전임 공화당 대통령들한테서 물려받은 전염병 수준의
폭력 치사가 끝난 것은 전쟁 때문이 아니었다. 폭력 치사 발생률은
전쟁이 시작되기 전에 이미 비전염병 수준으로 내려갔다. 뿐만 아니

라 전쟁 때문에 전후에 폭력 치사가 대규모로 혹은 지속적으로 늘어난 것도 아니었다. 종전 직후인 1945년과 1946년에는 폭력 치사 발생률이 16.9명까지 올라가면서 잠깐 오름세를 보였지만(그래도 전염병 수준을 한참 밑돌았다) 그 다음부터는 다시 떨어지기 시작하여 트루먼 재임 말년인 1951~1952년에는 15.3명과 15.2명으로 내려가면서 전쟁 기간에 나타난 가장 낮은 수준으로 되돌아갔다. 그 뒤로도 12년 동안 똑같이 낮은 수준을 유지하면서 1957년에는 사상 최저 수치인 14.3명을 기록했다.

아이젠하워 집권기를 제외하고 공화당이 집권한 모든 시기에 폭력 치사 발생률이 이전 정부로부터 물려받은 수준보다 크게 올라가거나 아니면 기존의 전염병 범위 안에 머물렀다. 1900년부터 등장한 11명의 다른 공화당 대통령과 달리 아이젠하워의 집권기 (1953~1960년)만큼은 이렇게 예외적이지만, 그렇다고 해서 공화당 대통령 때만 폭력 치사 발생률이 전염병 수준으로 올라간다는 전반적 추세가 무너지는 것은 아니다. 아이젠하워 정부 때의 폭력 치사 발생률은 15명 안팎으로 전임 트루먼 정부 말년 때와 대체로 같은 수준을 유지했고 막판에는 트루먼 때보다 약간(0.1명) 올라갔다.

케네디가 재임한 3년과 존슨이 취임한 첫해에 살인과 자살을 망라한 사망률은 15.1명과 15.9명 사이였다. 그 뒤로 존슨이 재임한 나머지 3년 동안 폭력 치사 발생률이 전염병 수준까지는 아니어도 계속 올라가서 존슨의 재임 말년인 1968년에는 1941년 이후 처음으로 18명까지 올라갔다. 공화당의 백악관 입성과 폭력 치사 발생률 사이의 수수께끼 같은 연관성이라는 관점에서 보았을 때, 이런 오름세에서 가장 눈여겨보아야 할 대목은 존슨 재임기의 폭력 치사 발생률은 가장 높았을 때도 1970년부터 1996년까지 공화당이 지배한 27년보다는 여전히 낮았다는 사실이다. 비교적 비폭력적이었던 36년간의 민주당 정권이 끝난 뒤로 찾아든 27년간의 공화당 정권은 중단 없는 폭력의 전염병 기간으로 기록된 시기다.

1968년 선거는 20세기의 선거 지형도를 바꾼 중요한 선거였다. 여기에 견줄 만한 선거는 12년 동안 공화당 정권으로 이어졌고 대공황과 20세기 최고의 폭력 치사 발생률로 정점에 이르렀던 1920년 선거와 36년 동안의 이른바 뉴딜 의제(간판은 공화당을 달았지만 아이젠하워 대통령도 뉴딜 의제에는 적극 찬동했다) 시기로 이어진 1932년 선거 정도다. 1968년은 민권 운동의 성과에 반발하는 백인의 불만과 인종적 편견을 파고든 공화당의 '남부 전략'으로 남북 전쟁 당시 남군으로 싸웠던 남부 11개 주와 2개 경계 주(켄터키, 오클라호마)가 정치 성향과 투표 성향에서 '묻지마 민주당'에서 '묻지마 공화당' 성향으로 돌변한 해였다. 이 선거를 계기로 공화당은 이후 24년 중 20년 동안 백악관을 다시 차지할 수 있었다. 그러면서 따라온 것이 1970년부터 1996년까지 27년 동안 지속된, 지난 107년의 역사에서 가장 긴 전염병 수준의 폭력 치사였다. 닉슨이 재임한 6년 동안 자살률과 살인율은 꾸준히 늘어나 취임 이듬해에 19.9명으로 전염병의 문턱을 넘어섰고, 후임 대통령인 제럴드 포드(Gerald Ford)가 취임한 첫해에는 23.2명까지 올라갔다.

1977년 포드한테서 정권을 되찾은 민주당의 카터는 20세기가 낳은 민주당 대통령 7명 가운데 지난 정권으로부터 물려받은 전염병 수준의 폭력 치사 발생률을 전염병 수준 이하로 떨어뜨리지 못한 유일한 대통령이다. 카터가 공화당 정권으로부터 물려받은 자살률과 살인율은 그가 재임하는 동안 기본적으로 어느 쪽으로도 영향을 받지 않아서 두 비율 모두 닉슨과 포드 때의 전염병 수준을 그대로 유지했다. 그렇지만 카터 정부가 폭력 치사 발생률을 전염병 수준으로 끌어올리는 시발점이 된 것은 아니라는 점은 강조할 필요가 있다(민주당 대통령은 아무도 그런 역할을 하지 않았다). 카터는 다만 자신이 물려받은 전염병을 비전염병으로 반전시키지 못한 유일한 민주당 대통령이었다. 카터 재임기에 전염병이 이어진 것은 카터가 백악관에 4년밖에 없었다는 사실만으로는 설명이 안 된다. (20세기 후반의 클린턴도 그렇지만) 카터의 모든 전임 민주당 대통령들은 공화당 정부로부터 물려받은 전염병을 취임 초반에 반전시키기 시작했고 그 뒤로 일관되게 폭력 치사 발생률을 떨어뜨렸기 때문이다. 카터 다음에 온 두 명의 공화당 대통령 레이건과 아버지 부시 두 사람의 재임기 12년 동안(1981~1992년)에는 폭력 치사 발생률이 19.9명과 22.4명 사이에서 오르내리기를 거듭했지만 전염병 수준이나 능선 수준 밑으로는 한 번도 내려가지 않았다.

앞서 말했다시피 클린턴은 1993년에 정권을 잡았을 때 전임 대통령 부시로부터 21.7명의 폭력 치사 발생률을 물려받았다. 그 비율은 클린턴 취임 첫해에 매년 가파른 내림세를 보이더니 그가 대통령으로 재선된 1997년에는 마침내 전염병 수준 이하인 19명으로 떨어졌다. 다시 말해서 4년 동안 꾸준한 하락세가 이어진 다음에야 비로소 공화당으로부터 물려받은 전염병 수준의 폭력이 끝났다. 그 뒤로도 사망률은 계속 내려가서 클린턴의 재임 마지막 해인 2000년에는 16명까지 떨어졌다. 아들 부시가 2001년 대통령으로 취임하자 이 극적인 하락세가 갑자기 중단되고 방향을 바꾸더니 느리게 요동치면서 상승세로 돌아섰다. 확실한 통계 자료가 2007년까지밖에 없으므로 우리는 아들 부시의 집권기가 미국의 폭력 치사 발생률에 끼친 영향을 완전히 알기는 어렵다. 지금으로서 우리가 말할 수 있는 사실은 2007년에 폭력 치사 발생률이 16명에서 17.2명으로 늘어났다는 사실이다. 이 수치는 클린턴의 재임 말년에 비해 폭력으로 죽는 사람이 연간 3,600명 늘어났다는 말이다. 부시의 기록과 클린턴의 기록을 비교했을 때 우리가 관찰할 수 있는 것은, 만일 폭력 치사 발생률이 2000년 이후로도 과거 클린턴 때와 같은 추세로 계속해서 떨어졌더라면 2007년의 인구 10만 명당 살인율은 부시가 보여준 것처럼 6.8명으로 올라가지 않고 2.9명으로 내려갔을 것이고 2007년의 자살률도 10.4명으로 늘어나지 않고 8.9명으로 줄어들었으리라는 사실이다. 이런 계산을 하는 이유는 이런 변화가 꼭 일어났을 것이라고 말하려는 것이 아니라 두 대통령 정권에서 일어난 사망률의 변화 양상이 얼마나 달랐는지를 보여주기 위해서다.

아이젠하워와 카터에 관해 확실히 말할 수 있는 것은, 폭력 치사 발생률이 비전염병 수준에서 전염병 수준으로 올라가는 일은 공화당 정부에서**만** 일어나고 전염병 수준에서 비전염병 수준으로 회복되는 일은 민주당 정부에서**만** 일어난다는 좀 더 일반적인 추세에서 두 사람 다 예외가 아니라는 사실이다. 이것은 공화당 대통령이 선출된다고 해서 폭력이라는 전염병이 반드시 시작되는 것은 아니지만 폭력이라는 전염병이 시작되려면 공화당 대통령이 반드시 있어야 한다는 사실, 민주당 대통령이 있다고 해서 폭력이라는 전염병이 반드시 종식되는 것은 아니지만 폭력이라는 전염병이 종식되려면 민주당 대통령이 반드시 있어야 한다는 사실을 뜻한다.

정리하면, 공화당 대통령과 민주당 대통령 집권기의 전반적인 폭력 치사 발생률 차이는 통계적으로 의미가 있다(즉 우연의 역할만으로는 설명이 안 된다). 그 연관성은 역사적 격변(대공황, 2차 세계대전)과 개인적 차이(아이젠하워, 카터)를 압도할 만큼 강하다. 그래서 수수께끼가 생긴다. 어째서 폭력 치사 발생률은 공화당 정부 때만 전염병 수준으로 올라가고 민주당 정부 때만 비전염병 수준 내지 '정상' 수준으로 내려가는가?

똑같은 통계 자료를 조금 다른 시각에서 보면 자살률과 살인율 모두 민주당 정부 때도 공화당 정부 때도 올라갔다 내려갔다 하면서 들쭉날쭉할 때가 있다. 하지만 공화당 정부 때 골짜기에서 정상으로 치닫는 가파른 상승세가 나타나고 민주당 정부 때 정상에서 골짜기로 내리닫는 가파른 하락세가 나타남을 이미 확인했듯이 한 해와 그 다음 해 사이에 폭력 치사 발생률이 오르고 또 오를 때 큰 폭으로 오르는 경향은 민주당보다 공화당 때 더 자주 나타난다. 그 반대도 마찬가지다. 폭력 치사 발생률이 떨어지고 또 떨어질 때 큰 폭으로 떨어지는 경향은 공화당보다 민주당 때 더 자주 나타난다.

각 정당 집권기에 일어난 폭력 치사의 연간 증가분과 감소분을 합산했더니 공화당 대통령 집권기는 1900년부터 2007년까지 인구 10만 명당 자살률에서 14.5명의 순누적 증가세를 보였다. 민주당은 정반대로 1913년부터 2000년까지 집권하는 동안 인구 10만 명당 자살률에서 13.3명의 순누적 감소세를 보였다. 마찬가지로 공화당 정부 때는 살인율에서 5.4명의 순누적 증가세를 보였고 민주당은 5명의 순누적 감소세를 보였다. 그래서 공화당 때의 폭력 치사 발생률 총증가분은 19.9명(14.5명 더하기 5.4명)이고 민주당 때의 폭력 치사 발생률 총감소분은 18.3명(13.3명 더하기 5명)이었다. 집권당과 자살률, 살인율, (살인과 자살을 합친) 총 폭력 치사의 이런 연관성이 단순히 우연에서 비롯되었을 확률은 1,000분의 1도 안 된다.

오래 집권하면 죽음 곡선이 가팔라진다

의학 연구에는 '용량-반응 곡선'이라는 중요한 개념이 있다. 가령 하루에 담배를 많이 피우면 피울수록 폐암에 걸릴 가능성이 높아진다. 용량(노출된 물질의 양)이 많아지면 반응도 커지는 것이다. 그리고 담배를 오래 피운 사람일수록 폐암에 걸리기 쉽다. 역시 누적 용량이 많아질수록 반응도 더 커지기 때문이다. 이 결과는 흡연은 폐암의 '위험 요인'이라는 가설을 강력하게 뒷받침하는 근거가 된다. 이와는 달리, (적당한 범위 안에서) 운동을 규칙적으로 하면 할수록 심장마비에 덜 걸린다. 여기서도 용량-반응 곡선이 적용된다. 운동을 많이 할수록 심장마비를 더 많이 예방할 수 있다. 따라서 규칙적 운동은 심장마비를 막아주는 '보호 요인'이다.

용량-반응 곡선은 의학 연구에서 '보편적 기준' 가운데 하나다. 용량-반응 곡선만으로는 설정된 인과 주체(이 인과 주체의 '용량'을 잰다)와 반응(효과) 사이의 인과 관계를 증명할 수 없다. 그러나 용량-반응 곡선을 드러내는 데 실패하면 대부분의 경우 그것은 인과 관계가 없다는 증거다. 그리고 똑같은 인과 가설에 합치하는 또 다른 증거가 있을 경우 용량-반응 곡선은 사람의 건강에 차이를 가져올 수 있는 변수를 찾아낼 가능성을 더욱 높여준다.

유추해서 설명해보면 우리는 공화당 정부를 폭력 치사를 부르는 위험 요인으로 볼 수 있겠는지, 민주당 정부를 보호 요인으로 볼 수 있겠는지 물을 수 있다. 그런 가설을 검증하는 한 가지 방법은 이렇게 묻는 것이다. 공화당이 정권을 오래 잡을수록 폭력 치사 발생률의 누적 증가세가 더 높게 나타났는가? 그리고 민주당이 정권을 오래 잡을수록 폭력 치사 발생률의 누적 감소세가 더 높게 나타났는가? 답은 둘 다 그렇다는 것이다. 흡연이나 규칙적 운동과 마찬가지로 공화당 정부에 더 많이 노출될수록 폭력 반응이 강해졌고 민주당 정부에 더 많이 노출될수록 폭력 반응이 약해졌다.

논의를 단순화하기 위해서 나는 두 가지 폭력 반응을 하나의 숫자로, 다시 말해서 두 정당 사이에서 나타난 폭력 치사 발생률의 순차이로 합치겠다. 예컨대 지난 100년에 걸쳐서 공화당이 집권했을 때 인구 10만 명당 사망한 사람의 순증가분이 15명이었고 민주당은 순감소분이 15명이었다면 두 정당의 사망률 차이는 30명일 것이다. 이 수치는 결국 조사 대상 기간에 공화당은 민주당 때보다 인구 10만 명당 폭력 치사의 희생자를 30명 더 발생시켰다는 뜻이고, 같은 이야기를 바꿔서 표현하면 민주당은 공화당 때보다 30명 감소시켰다는 뜻이다.

그리고 만일 용량-반응 곡선이 여기서도 적용된다면 좀 더 짧은 기간을 비교할 경우 두 정당의 순차이는 그만큼 작아질 것이라고 예상할 수 있다. 50년 동안의 순차이는 100년 동안의 순차이보다 작을 것이고 25년 동안의 순차이는 더 작을 것이다. 두 정당이 폭력 치사 발생률에서 보이는 차이를 비교했을 때 우리가 얻은 결과는 이 예상에 정확히 들어맞았다.

각 당을 따로 비교할 수도 있는데, 그렇게 해보았더니 공화당이 오래 집권하면 폭력 치사 발생률의 순증가세는 커졌고 짧게 집권하면 폭력 치사 발생률의 순증가세는 작아졌다. 마찬가지로 민주당이 집권할 때는 집권 기간이 길고 짧음에 따라서 폭력 치사 발생률의 순감소세도 커지거나 작아졌다. 이런 용량-반응 곡선은 두 정당 모두에서 폭력 치사의 두 가지 형태(살인과 자살)에서도 두 수치의 합산치(총 폭력 치사 발생률)에서도 예외 없이 확인할 수 있다. 이쪽 방향으로든 저쪽 방향으로든 결과를 빗나가게 할 수 있는 우연적이고 우발적인 사건들이 많이 일어났는데도 다양한 역사적 시기와 다양한 기간에서 이런 관계가 일관되게 나타났다는 사실은, 권력을 잡은 정당과 폭력 치사 발생률 사이에 단순히 우연의 일치에서 비롯된 연관성이 아니라 강력하고 아주 특수한 인과 관계가 존재할 가능성을 높여준다. 다시 말해서 이 정도 규모의 연구에 개재되는 엄청난 양의 '잡음'과 '전파 장해'를 감안할 때 가장 놀랍고 가장 외면하기 어려운 사실은 '신호'가 그 정도로 크고 뚜렷하고 일관되게 나온다는 점이다.

가령 1900년부터 2007년까지 108년 동안 순누적 폭력 치사는 공화당 정부 때가 민주당 정부 때보다 인구 10만 명당 38.2명 더 많았다. 같은 내용을 다른 식으로 표현하면, 두 정당이 집권했을 때의 사망률은 민주당 때가 공화당 때보다 38.2명 적었다. 오늘날 미국 인구 수준으로 나타내자면 이 수치는 민주당 정부 때 공화당 정부 때보다 폭력 치사로 죽는 사람이 약 11만 4,600명 적음을 뜻한다.

좀 더 짧은 기간 동안에 나타난 두 정당의 격차를 들여다보면, 1912년부터 2007년까지 96년 동안 두 정당 집권 시기의 사망률이 보여주는 순누적 격차는 1900년부터 2007년까지보다 더 적어서 겨우 31.9명이었다. 1920년부터 2007년까지 88년 동안은 더 적어서 27.4명이었다. 이런 식으로 기간이 짧을수록 두 정당의 사망률 차이도 줄어들었다.

연관성을 나타내는 인과 관계의 증거를 찾는 사람에게 이것은 중요한 점이다. 그렇지만 이런 연관성조차도 인과성을 증명하지는 못한다는 말 또한 맞다. 분명한 것은 용량-반응 곡선을 찾아내는 데 실패할 경우에는 서로 연관성이 있는 두 변수 사이에 인과 관계가 있을 가능성이 줄어들 것이라는 점이다.

용량-반응 곡선이 드러내는 또 한 가지 사실은 두 정당과 폭력 치사 발생률의 연관성이 우리가 통계 수치를 갖고 있는 지난 108년을 통틀어서 (서로 180도 다른) 각자의 방향으로 일관되고 지속적이고 믿음직스럽고 변함없이 나타나서, 해당 기간의 초반부터 가장 최근의 두 정당 기록(1992~2007년)을 보아도 그렇고 한 정당 기록(2000~2007년)을 보아도 공화당 때는 사망률이 어김없이 꼬박꼬박 올라갔고 민주당 때는 어김없이 내려갔다는 점이다. 그 사실이 모든 공화당 정부가 집권 기간 동안 절대적 증가를 기록했고 모든 민주당 정부가 절대적 감소를 기록했음을 뜻하지는 않는다. 이 결과가 실제로 뜻하는 바는 각 정당의 집권기 동안 아무리 조금은 들쭉날쭉했더라도 이미 전염병 수준의 '능선'에 있던 공화당 정부 때는 사망률을 비전염병 수준의 '골짜기'로 끌어내리기에 충분한 순감소세가 결코 일어나지 않았다는 것이다. 그리고 민주당 정부 때 나타난 그 어떤 우연적 증가도 사망률을 '골짜기'에서 '능선'으로 끌어올리기에는 충분하지 않았다는 것이다. 가령 1961~1968년의 케네디-존슨 집권기에 폭력 치사 발생률은 10만 명당 15.3명에서 18명으로 늘어났지만(사실은 마지막 두 해를 빼놓고는 내내 17명을 넘지 않았다) 가장 높았을 때도 전염병의 '바닥'인 19.4~20명 근처에도 가지 않았다. 마찬가지로 레이건-아버지 부시 집권기에도 이 비율이 22.5명에서 21.7명으로 약간 줄어들긴 했지만 전염병의 '바닥'인 19.4~20명 근처에는 전혀 미치지 못했다.

공화당이 어느 한 시기에 폭력 치사 전염병에 걸렸다가 다른 시기에 거기서 회복하는 모습을 보여준 것 같지는 않고, 민주당 역시 어느 한 시기에 폭력 치사 전염병에 걸렸다가 다른 시기에 회복하는 모습을 보여준 것 같지 않다. 그리고 두 정당 모두 두 차례의 세계대전이나 대공황, 냉전, 시민권 혁명 같은 독특하고 다시 없을 국가적 위기하고만 연관성을 맺으면서 긍정적 또는 부정적 상호 관계를 보여준 것이 아니므로, 폭력 치사 발생률을 끌어올리거나 끌어내린 실제 원인은 그런 위기가 아니라 그 위기가 발생했을 때 권력을 쥐고 있던 정당이라고 볼 수밖에 없다. 두 정당 모두 폭력 치사 발생률과 맺은 남다른 연관성은 1900년부터 우리가 비교 자료를 가진 마지막 시기인 2000~2007년까지 해당 기간에 일어난 모든 역사적 위기와는 무관하게 장기간에 걸쳐 거듭 나타난다.

공화당 정부 때의 폭력 치사 발생률과 민주당 정부 때의 폭력 치사 발생률을 비교했을 때 가장 의미심장한 사실은, 공화당 정부 때는 폭력 치사 발생률의 순증가세가 높았고 민주당 정부 때는 순증가세가 낮았다는 것도 아니고 민주당 정부 때는 폭력 치사 발생률의 순감소세가 컸고 공화당 정부 때는 순감소세가 작았다는 것도 아니다. 중요한 것은 두 정당의 변화 **방향**이 **정반대**였다는 것이다. 공화당 정부 때 폭력 치사의 순변화는 **증가 일변도**였고 민주당 정부 때의 순변화는 **감소 일변도**였다.

이런 사실과 거기에 담긴 뜻을 더 분명히 드러내기 위해, 사망률이 이처럼 매년 달라지는 현상의 장기적 효과를 대부분의 사람에게 더 익숙하게 다가올 법한 다른 유형의 변화, 곧 주식 시장의 변동에 비유해보자. 어떤 집안이 1900년에 두 은행에 각각 1만 달러의 돈을 예탁했고 후손이 그 예탁금을 2007년에 받기로 되어 있다고 하자. 당연히 그 후손은 두 은행에 각각 돈이 얼마나 남았는지를 확인할 것이다. 한 은행은 투자 원금 1만 달러를 3만 5천 달러(달러 가치 변화를 고려한 경상가)로 불렸지만 다른 은행은 이익을 내기는커녕 1941년에는 한 푼도 못 남기고 탕진했다고 하자. 그리고 첫 번째 은행보다 뒤떨어지는 두 번째 은행의 무능한 투자 실적이 1900년에서 1941년 사이에만 국한된 것이 아니라 1941년 이후로도 2007년까지 계속되었고 그동안 이 은행이 고객들의 돈을 계속 날렸다고 가정하자. 마지막으로 그 후손이 추가로 굴리고 싶은 돈을 어느 은행에 맡길 것인지 결정해야 한다고 가정하자. 내가 그 후손이라면 어느 은행을 선택할까?

이 가상의 비유에서 나는 사람들이 부정적 가치를 부여하는 것(폭력)이 아니라 긍정적 가치를 부여하는 것(돈)에서 일어난 변화를 비교했다. 하지만 그런 차이만 감안한다면 두 은행의 자금 운용 실적 차이는 두 정당의 폭력 치사 발생률 차이와 정확히 일치한다는 사실을 알아차릴 수 있다. 두 번째 은행이 긍정적 가치를 지닌 것(돈)을 장기적이고 지속적으로 최근까지 하락시킨 것과 마찬가지로 민주당은 부정적 가치를 지닌 것(폭력)을 장기적이고 지속적으로 최근까지 하락시켰다. 첫 번째 은행이 가치 있는 것을 증가시킨 것과 마찬가지로 공화당은 부정적 가치를 지닌 것을 증가시켰다. 이제 이 책의 독자가 내려야 하는 결정은 내가 든 비유에 나오는 가상의 투자자가 내려야 하는 결정과 비슷하다. 어느 정당에 내 표를 투자해야 하는 걸까?

또 다른 사고 실험은 이런 비유의 설득력을 높여준다. 민주당이 1900년부터 2007년까지 백악관을 계속 차지하면서, 권력을 잡았던 48년 동안 줄였던 폭력 치사 발생률과 똑같은 비율(매년 0.38퍼센트 감소)로 꾸준히 폭력 치사 발생률을 줄였다고 가정하자. 그 경우 폭력 치사 발생률은 1941년이면 0이 되었을 것이다. 반대로 만일 공화당이 1900년부터 2007년까지 계속 집권하면서 신폐료 공화당이 집권한 기간 동안 끌어올린 폭력 치사 발생률과 똑같은 비율(매년 0.34퍼센트 증가)로 계속해서 (인구 10만 명당) 폭력 치사 발생률을 끌어올렸다면 2007년 말에는 사망률이 얼마나 될까? 무려 52명이 된다(이미 15.6명이라는 수치에서 출발하고 여기다가 107년 동안 매년 0.34명씩 늘어나서 얻어지는 수치 36.4명을 더한 값으로 결국 처음 출발점의 세 배 반 가까이 늘어나는 셈).

공화당이나 민주당 어느 한쪽이든 계속해서 집권했으면 필연적으로 일어났을 일을 이런 가상 사고 실험이 보여준다고 말하려는 것은 아니다. 나무가 아무리 자라도 하늘을 뚫고 올라가지는 않는다. 그리고 연간 폭력 치사 발생률은 오르내리더라도 아주 예외적인 경우에만 0으로 떨어지거나 무한정 올라간다. 물론 인종 학살이나 천연두 발생으로 한 인구 집단이 완전히 절멸된다든가, 어떤 문화권 또는 하위 문화에서 종종 일어나듯 폭력 치사 발생률이 완전히 0으로 줄어든다든가 할 때처럼 이런 일이 실제로 일어나기도 한다. (가령 대단히 종교적이고, 무계급적이고, 평화주의적인 재세례파의 한 종파인 후터라이트는 미국 중서부 지역 북부와 캐나다 남부에서 작은 농장 공동체를 이루며 살아가는데, 이 책 후반부에서 자세히 다루겠지만 이들 공동체에서는 1875년 북아메리카에 이민자로 첫 발을 내딛은 뒤로 적어도 한 세기 동안 단 한 건의 살인 사건도 일어나지 않았고 자살자도 딱 한 명에 그쳤다.)[2] 그러나 여러 세기에 걸친 사망률이 경우에 따라 100퍼센트에서 0퍼센트까지 다양할 수 있음을 보여주는 이런 일은 예외적이다. 내가 방금 상상한 가상 시나리오는 두 정당이 실제로 집권한 기간 동안에 발생한 폭력 치사 발생률의 양적 차이가 얼마나 큰지를 독자로 하여금 실감하게 하는 데 목적이 있다.

이런 차이를 공공 보건과 예방 의학의 언어로 옮기자면, 흡연이 폐암의 위험 요인으로 작용하고 규칙적 운동이 심장마비를 막아주는 보호 요인으로 작용하는 것과 똑같은 의미에서 공화당 행정부는 폭력 치사의 '위험 요인'으로 작용하고 민주당 행정부는 '보호 요인'으로 작용한다는 것을 이 장에서 살펴본 통계는 암시한다. 이 비유를 더 밀고 나가면 우리는 흡연은 폐암을 일으키는 데 필요하지도 않고 충분하지도 않음을 떠올릴 수 있다. 어떤 사람들은 담배를 피운 적이 없는데도 폐암에 걸리고 어떤 사람들은 담배를 피우는데도 폐암에 걸리지 않는다. 흡연 빈도와 폐암 발병 빈도 사이에 명백히 용량-반응 곡선이 존재하는데도, 흡연이 0으로 떨어지더라도 폐암으로 죽는 비율이 똑같이 0으로 떨어지지 않는 것은 그 때문이다.

같은 이치로 우리는 미국에서 폭력 치사 전염병을 일으키려면 공화당 대통령이, 전염병을 끝내려면 민주당 대통령이 나와야 하지만 공화당 대통령이나 민주당 대통령이 나오는 것만으로는 충분하지 않다고 말할 수 있다. 결핵균이 결핵 발병의 필요 조건이긴 하지만 충분 조건은 아닌 것처럼 우리가 가진 폭력에 관한 통계 수치는 공화당 대통령 없이는 전염병이 필코 일어나지 않고, 민주당 대통령 없이는 전염병이 결코 끝나지 않음을 알려준다. 20세기에 등장한 18명의 대통령 중에서 폭력 치사 전염병을 일으키거나 이어가지 않은 공화당 대통령은 단 한 명(아이젠하워)이었고 폭력 치사 발생률을 전임 공화당 대통령들로부터 물려받은 전염병 수준 밑으로 끌어내리지 않은 민주당 대통령도 단 한 명(카터)이었다. 우리는 2008년의 폭력 치사 발생률을 아직 모르므로 우리가 아들 부시에 대해서 말할 수 있는 것은 (아이젠하워 때와는 달리) 그의 집권기에 폭력 치사 발생률이 늘어나긴 했지만 2007년 현재로서는 전염병 수준까지 올라서지 않았다는 사실뿐이다. 그는 아마 공화당 대통령이 전염병을 일으키는 데 필요한 조건이지만 충분한 조건은 아님을 입증하는 또 하나의 증거가 될지도 모른다.

왜 이 사실을 아무도 몰랐을까?

더 깊이 들어가기 전에 독자들에게 묻고 싶다. 여러분은 나와 마찬가지로 이 모든 살인과 자살에 관한 또 하나의 수수께끼에 부딪치면서 곤혹스럽지는 않은가? 바로 집권 정당과 폭력 치사 발생률 사이의 이 놀라운 연관성을 왜 지금까지 모르고 지나쳤을까 하는 당혹스러움이다. 이 문제를 연구한 거의 모든 사람이 지금까지 연관성을 알아차리지 못한 것은[3] 공화당 정부 때는 자살률과 살인율이 누적 증가세를 보였고 민주당 정부 때는 누적 감소세를 보였지만 이 기간 동안 각 정당의 평균 자살률과 살인율은 거의 **동일**하다는 사실 때문이었을지도 모르겠다. 평균이 엇비슷해지는 이유는 이해하기 어렵지 않다. 계산을 간단히 하기 위해 10년의 기간 동안 폭력 치사 발생률이 연간 1점씩 늘어서 1점에서 10점이 되고 또 다른 10년 동안 폭력 치사 발생률이 연간 1점씩 줄어서 10점에서 1점이 된다고 치자. 이 숫자들을 모두 더해서 10으로 나누면 상이한 두 수열의 평균은 두 수열의 순효과가 정반대일지라도 똑같이 나온다. 지난 한 세기 동안 공화당 정부 때는 누적 폭력 치사 발생률이 올라갔고 민주당 정부 때는 누적 폭력 치사 발생률이 내려가면서 이런 일이 몇 번이나 벌어졌다. 그래서 해당 기간 동안에 공화당 정부는 순누적 증가세를 보였고 민주당 정부는 순누적 감소세를 보였지만 모든 해를 더해서 얻은 평균은 두 당이 엇비슷하다. 사망률에서 나타나는 두 가지 변화 양상이 미국 국민의 복리에 각각 정반대의 영향을 끼친다는 사실은 아마 그래서 간과되었을 것이다.

내가 여기서 요약한 1900년 이후의 사망률은 공적 기록의 일부이며 원하는 사람은 누구나 자유롭게 볼 수가 있다. 어떻게 보면 등잔 밑이 어두웠던 셈이다. 이런 고약한 사실을 우리가 집단적으로 알아차리지 못한 또 하나의 이유는 내가 방금 말한 것과 직접 관련이 있을지도 모르겠다. 공화당 때 늘어난 폭력 치사 발생률이 민주당 정부 때 거의 어김없이 똑같이 줄어들면서 상쇄되었기 때문에 시간이 흐르면서 이런 긴 폭력 치사 발생률의 순치이는 사실상 사라졌다. 가령 2000년의 살인율(인구 10만 명당 연간 6.4명)은 바로 1900년의 살인율이고, 2000년의 자살률(10만 명당 9.6명)은 거의 1900년의 자살률(9.2명)이다. 이미 살펴본 대로 이 정당에서 저 정당으로 대통령이 바뀌면 자살률과 살인율에서 모두 엄청난 '반전'이 일어났는데도 그렇다.

이렇게 장기적으로 자살률과 살인율의 순증가세와 순감소세가 나타나지 않기 때문에 사람들은 각 정당이 집권하는 동안 폭력 치사 발생률에 별다른 차이가 없었다고 잘못 생각하기 쉽다. 그러다 보면 공화당의 폭력 치사 발생률이 전염병 범위에 **없었던** 유일한 시기는 민주당 정부로부터 낮은 폭력 치사 발생률을 물려받았을 때뿐이고 민주당의 폭력 치사 발생률이 전염병 범위에 **있었던** 유일한 시기는 공화당으로부터 높은 폭력 치사 발생률을 물려받았을 때뿐이라는 사실을 쉽게 잊어버린다.

사실 오늘날 미국의 자살률과 살인율이 전염병 수준만큼 고약하게 올라가지 않은 이유는 딱 하나, 공화당이 올려놓은 폭력 치사 발생률을 민주당이 번번이 그만큼 원상회복시켰기 때문이다. 구체적으로 살펴보면 공화당은 1900년과 2007년 사이에 10만 명당 자살률과 살인율을 각각 14.5명과 5.4명씩 누적 증가시킨 반면 민주당은 거의 똑같은 정도로 (각각 13.3명과 5.0명) 자살률과 살인율을 누적 감소시켰다. 2007년의 폭력 치사 발생률이 공화당이 집권한 59년 동안 폭력 치사 발생률에 끼친 영향만으로 결정되었다면 2007년의 자살률은 10.4명이 아니라 23.7명이 되었을 것이며 살인율은 6.8명이 아니라 11.8명이 되었을 것이다. 그렇게 되면 10만 명당 총 폭력 치사 발생률은 실제로 일어난 폭력 치사 발생률의 두 배가 넘는 35.5명에 이르렀을 것이다. 지금의 미국 인구 3억 명에 그 사망률을 대입하면 실제로 죽은 5만 2천 명이 아니라 대략 10만 6,500명이 죽었으리라는 계산이 나온다.

이 장에서 나는 살인 수수께끼를 만들어내는 몇 가지 통계 수치를 요약했다. 이어지는 장에서는 자살률과 살인율은 어째서 공화당 대통령 밑에서만 전염병 수준으로 올라가고 민주당 정부 때만 비전염병 수준으로 내려가는지를 설명할 수 있는 증거가 있는지를 살펴서 수수께끼를 풀어보고자 한다. 그러나 통계와 느낌은 다른 문제다. 사람을 자살이나 살인으로 몰아가는 것은 통계가 아니다.

2장

자살과 살인의
진짜 범인,
불평등

그는 왜 가족을 살해했을까?

1992년, 수척하고 추레한 사십대 중반의 흑인 남자가 매사추세츠에 있는 교도소 정신병원에 들어왔다. 그는 반은 죽은 사람처럼 보였다. 말도 움직임도 없었고 무엇에도 통 반응을 보이지 않았다. 산송장 같은 느낌이 들었다. 말을 못하는 것인지 안 하려는 것인지 알 수가 없었으므로 사내에게 함께 붙어 온 경찰 조서를 읽는 수밖에 없었다. 조서를 보니 사내는 하루 전에 권총으로 아내와 아이들을 쏘아 죽인 모양이었다. 사내의 이름을 폴 윌리엄스라고 하자. 병원은 폴을 입원시킨 뒤 자살 요주의 환자로 지정했다. 나는 면담을 해서 폴의 정신이 어떤 상태며 폴이 어떤 사람인지 알아내기를 기대했다.

다음날 폴이 입을 열었을 때 마치 동굴 깊숙한 곳에서 어떤 사람이 말하는 것을 듣는 듯한 느낌이 들었다. 자기 생각을 말하고 정리하는 것이 무척 힘들어 보였다. 무지막지하게 큰 바윗덩어리에 짓눌려 허덕이다가 그것을 들어올려서 내던지려고 끙끙 애쓰는 듯한 모습이었다. 폴은 감정과 느낌이 바싹 말라버린 듯했고 어떤 일이 벌어졌는지 하나하나 짜맞추어 이야기를 구성하는 데 굉장히 애를 먹었다. 며칠에 걸쳐서 폴이 나한테 어렵게 들려준 이야기는 이랬다.

폴은 평생 열심히 일했고 마흔 줄에 접어들어서는 보스턴에 있는 공장에서 작업반장으로 안정된 직장 생활을 했다. 같은 흑인 여자와 함께 살았는데 각각 전 배우자와의 사이에서 낳은 자식이 하나씩 있었던 두 사람은 비록 결혼은 하지 않았어도 잘 지냈다. 학교 교사였던 여자는 폴처럼 형편이 여유로웠고 폴이 보기에 여자는 두 아이한테 좋은 엄마였다.

두 달 전 폴은 직장에서 휴직 통보를 받았다. 해고가 아니라 '휴직'이라고 폴은 강조했다. 그가 일을 잘 못해서가 아니었다. 폴은 일을 잘했다. 다만 회사 형편이 어려워졌을 따름이었다. 다른 사람들도 직장을 잃었지만 그건 그 사람들 문제였다. (아들 부시 대통령 집권기의 마지막 2년 동안 일어난 불경기 중에 생긴 일이었다.)

폴은 이제 어떻게 하면 좋을지 알 수가 없었다. 창피했다. 너무 창피해서 여자한테 자초지종을, 직장을 잃었다는 사실을 차마 털어놓을 수가 없었다. 그래서 매일 아침 멍한 상태로 일어나서 출근하는 차림새로 마치 일하러 가는 척 집을 나섰다. 그리고 평소에 퇴근하던 시각이 될 때까지 밖에서 시간을 때웠다. 처음에는 다른 직장을 알아보러 다녔지만 이내 포기했다. 일자리가 아예 없었을뿐더러 지원했다가 퇴짜를 맞는 것이 너무 창피할 것 같았다. 그래서 그냥 포기했다. 폴은 자신이 남자다움을 잃었다고 말했다. 집으로 한 푼도 갖다줄 수가 없어서였다.

마침내 아내가 (폴은 내 앞에서 가끔 그 여자를 아내라고 부르기도 했다) 들어오는 돈이 한 푼도 없음을 알아차리고 폴에게 따졌다. 궁지에 몰린 폴은 말하기 어려운 진실을 인정해야 했다. 아내는 폴이 지난 두 달 동안 직장이 없는데도 마치 일하러 가는 척 바보 같은 짓을 하면서 자신을 바보로 만들었다는 데 충격을 받고 불같이 화를 냈다. 그러고는 그 운명의 단어들을 내뱉었다. "도대체 당신 왜 그 모양이야? 얼마나 못났으면 그런 짓을 하냐고."

아이들이 보는 앞에서 벌어진 일이었다.

폴은 침실로 가서 서랍에서 권총을 꺼냈다. 그리고 돌아왔다. 폴은 자기가 어떤 사람인지 보여주기 위해 아내를 쏘아 죽였다. 그러고는 아이들이 악쓰는 소리를 그치게 하려고 아이들도 쏘았지만 소용없었다. 아이들이 악쓰는 소리는 여전히 들렸다. 평생 그 소리를 듣게 될 것이라고 그는 생각했다.

폴은 왜 그때 자신도 쏘지 않았는지 모른다. 내가 왜 자신을 쏘지 않았다고 생각하느냐고 묻자 폴은 말했다. "난 이미 죽어 있었습니다. 죽었다고 느꼈어요. 죽은 몸이라고 생각했어요. 지금도 나는 죽었다고 생각합니다."

폴이 하는 이야기를 들으면서 나는 '실업'이라는 말이 마치 한낱

통계인 것처럼, 결국은 커지거나 작아지겠지만 현실의 인간들과는 상관없이 그냥 흘러가는 숫자인 것처럼 말해질 때가 참 많구나 하는 생각이 들었다. 폴의 이야기는 비극적이지만 더 비극적인 사실은 이런 일이 비일비재하다는 것이다. 폴은 실직이나 그와 비슷한 지위 상실을 경험하면서 받는 스트레스로 자아 정체성이 망가질 뿐 아니라 자기가 존재한다는 느낌, 살아 있는 사람이라는 느낌마저도 희박해질 때 약간의 편차는 있을지언정 비슷한 반응을 보이는 수많은 사람 중 하나였을 뿐이다. 이것이 미국에서만 나타나는 특이한 현상인가 하면 천만의 말씀이다. 일본 영화 〈도쿄 소나타〉는 계속 직장에 다니는 척하면서 집 밖으로 나돌다가 이 전략이 먹히지 않자 나중에는 가족과 함께 자살하는 실직한 중년 사내의 거의 똑같은 이야기를 들려준다.

물론 직장에서 해고되었다고 해서 모든 사람들이 이렇게 악에 받쳐 폭력을 휘두르지는 않는다. 그렇지만 워낙 자존감이 약하고 상처 받기 쉬워서, 직장에 다니며 안정된 수입과 남들한테 인정받고 존중받는다는 느낌을 얻을 수 있는 상황에서도 겨우 겨우 자기를 추슬러 나가는 사람이 언제나 어느 정도는 있는 게 사실이다. 이런 사람들이 직장이라는 강력한 버팀목을 빼앗기면 폴이 경험한 생지옥이 펼쳐진다. 실업률이 어느 수준 이상으로 올라가면 그런 궁지에 몰리는 사람이 늘어나고, 그럴수록 더 많은 사람이 살인이나 자살을 택할 것이다.

이렇게 가슴 아픈 이야기를 듣고 나서 숫자의 세계로 다시 돌아가야 한다는 것이 좀 그렇기는 하지만, 지난 세기를 통틀어서 실업률이 올라가거나 내려가면 자살률과 살인율도 올라가거나 내려갔다는 사실은 아마 이제 그다지 놀랍게 들리지 않을 것이다. 아내와 아이들을 죽이도록 폴을 몰아간 것은 실직 그 자체가 아니었다. 왜 사람이 그 모양이냐는 아내의 비난에 대한 답으로 아내에게 총을 쏘도록 폴을 몰아간 것은 남자로서 자존심을 잃었다는 느낌, 아내의 눈에 자기가 남자 노릇을 못하는 존재로 비친다는 사실에서 느낀 수치심이었다. 아이들을 죽인 것도 아이들이 내지르는 비명에 그 아이들이 목격한 자신의 수치스러운 모습이 담겨 있어서였다.

불평등이 커지면 살인율·자살률이 높아진다

미국에서 이런 주제를 다룬 연구 중에서 가장 방대한 통계 자료를 낸 것이 1900년부터 1970년까지의 시기를 다룬 폴 홀링거(Paul Holinger)의 연구[1]인데, 홀링거에 따르면 연령을 보정했을 때 미국의 자살률과 살인율은 상호 연관성이 있을 뿐 아니라(연관성이 오로지 우연 때문에 생겼을 가능성은 1퍼센트 미만) 실업률과도 상호 연관성이 있다(실업률과의 연관성이 오로지 우연 때문에 생겼을 가능성은 1퍼센트 미만). 나도 이 책이 전거로 삼는 훨씬 방대한 통계 자료를 분석하여 동일한 결과를 얻었고[2] 훨씬 제한된 인구 표본이나 시기에 토대를 둔 다른 연구들도 동일한 결과를 내놓는다.

빈민가의 실업과 폭력 범죄라는 이중 전염병을 분석한 영향력 있는 연구에서 윌리엄 줄리어스 윌슨(William Julius Wilson)은 "무직과 폭력 범죄의 직접적 관계"[3]를 언급한다. 델버트 엘리엇(Delbert Elliott)의 연구를 인용하면서 윌슨은 이렇게 지적한다.

심각한 폭력 범죄에 관여하는 남자의 비율에서 흑인과 백인의 차이를 비교하면 11세 때만 하더라도 거의 같은데 청소년 시기의 후반으로 가면 흑백 비율이 3대 2가 되고 이십대 후반에는 거의 4대 1로 격차가 벌어진다. 하지만 엘리엇이 **직장이 있는** 흑인 남자와 백인 남자를 비교했을 때 21세까지는 두 집단이 보이는 폭력 양상에서 의미심장한 차이가 없었다. …… 결국 폭력 행동의 인종별 차이를 만들어내는 주된 원인은 …… 실업이다.

취업 가능성이 낮은 도시 빈민가의 흑인 청년들이 마약 거래에 빠져들면서 폭력 행위에 가담하는 데는 그럴 만한 이유가 있는 셈이다. 전체 실업률이 높고 낮음과는 무관하게 흑인 실업률은 언제나 백인 실업률의 적어도 두 배 수준을 유지했다. 흑인은 '가장 마지막에 채용되고 가장 먼저 해고된다'는 통설이 통계로 입증된 셈이다. 백인 사회보다 흑인 사회에서 살인율이 더 높은 이유도 그래서 설명이 된다.

자살률과 살인율의 변화를 예측하는 사회·경제적 변수는 실업률만이 아니다. 소득 불평등과 폭력 범죄의 관계를 분석한 연구에서 칭치 시에(Ching-Chi Hsieh)와 메러디스 푸(Meredith Pugh)는 이 관계를 파고든 34개의 연구를 다시 분석하여 (절대적) 빈곤과 소득 불평등(상대적 빈곤)은 미국뿐 아니라 세계 다른 나라에서도 살인과 맺는 연관성이 상당히 높다고 결론지었다.[4] 리처드 윌킨슨(Richard Wilkinson)은 자신의 연구와 다른 연구자들이 생산한 문헌을 분석하여 폭력의 발생과 다양한 정도와 유형의 경제적 불평등과 생활고 사이에 의미심장한 연관성이 있음을 보여주면서 몇 해에 걸쳐 불평등과 폭력(과 수많은 건강 위협 요인들)의 관계를 추적했다.[5]

또 다른 재분석 보고서는 "소득 불평등과 살인율을 비교한 절대 다수의 연구는 횡단 연구 틀을 썼다."라고 지적했다.[6] 이런 접근법의 단점은 무엇이 원인인지의 문제를 모호하게 남겨둔다는 것이다. 소득 불평등 수준이 높은 인구 집단에서 살인율은 상대적으로 가난한 자들 사이에서만 올라가는가, 아니면 부유한 자들 사이에서만 올라가는가, 아니면 가난한 자와 부유한 자들에게서 모두 올라가는가? 그리고 만일 일차적으로 가난한 자들 때문에 살인율이 올라간다면 가난이 그들의 살인 행동을 유발하는 것인가, 아니면 가난을 유발하는 성격 때문에, 즉 화를 잘 낸다든가 성질이 포악하다든가 어울리기 불편한 성격이라 툭 하면 잘리고 아무도 그를 고용하기를 원치 않아 살인을 더 쉽게 저지르고 마는 것인가?

그래서 이 책에서 소개하는 종단 연구는 이런 연관성을 낳는 인과 메커니즘을 밝히는 데 더 쓸모가 있다. 개리 라프리(Gary LaFree)와 크리스 드라스(Kriss Drass)의 연구[7]는 이런 접근법의 장점을 보여준다. 그들은 1957년부터 1990년까지 미국에 대한 시계열 분석(time-series analysis)을 통해서 경제 불평등이 커지면 (흑인이나 백인 모두) 살인율이 높아짐을 발견했다. 다시 말해서 경제 사정이 갑자기 달라지기 **전까지는** 모든 기간 동안 살인을 저지르지 않았던 똑같은 인구 집단이 불경기가 시작되어 수백만 명이 직장에서 해고된 **다음에만** 살인을 저지르기 시작했다(개개인의 성격 특성이나 하던 일의 질하고는 무관했다).

세계은행의 지원을 받아 불평등과 (자살을 포함한) 폭력 범죄의 관계를 조사한 연구에서 파블로 파즌질베르(Pablo Fajnzylber), 대니얼 레더먼(Daniel Lederman), 노먼 로아이자(Norman Loayza)는 세계 39개국에서 소득 불평등과 국내총생산(GDP, Gross Domestic Product)이라는 관련 경제 변수와 살인율의 관계를 분석하여 한 국가 안에서도, 국가와 국가를 비교했을 때도 살인율은 소득 불평등 비율에 정비례하고 국내총생산에 반비례한다고 결론지었다.[8] 그들은 또 이 통계 수치는 불평등이 폭력 범죄를 일으키지 그 반대가 아니라는 것, 실업률이 내려가고 국내총생산이 올라가면 절대적 빈곤도 상대적 빈곤도 모두 줄어들었고 이런 두 가지 변화가 살인율을 낮추는 데 모두 기여한다는 것을 암시한다고 결론지었다.

케네스 랜드(Kenneth Land), 퍼트리샤 매컬(Patricia McCall), 로런스 코언(Lawrence Cohen)은 1960년, 1970년, 1980년에 미국의 여러 도시와 주를 대상으로 여섯 가지 경제 변수와 살인율의 연관성을 조사했는데, 가장 강력하고 일관성 있는 것은 빈곤(절대적 빈곤과 상대적 빈곤 모두)과 살인율의 연관성임을 알아냈다.[9] "빈곤한 도시와 대도시 지역, 빈곤한 주에서 살인율이 높고 부유한 도시와 대도시 지역, 부유한 주에서는 살인율이 낮다."

미국에서는 소득 불평등보다 재산 불평등이 더 큰데 이 재산 불평등으로 폭력 치사 발생률을 더 잘 예측할 수 있다. 에드워드 N. 울프(Edward N. Wolff)에 따르면[10] 가계 자산(주택 소유 포함)과 금융 자산(주식, 채권, 현금, 기타 호환성 자산)으로 본 재산의 불평등이 미국에서 극에 달했던 두 시기는 폭력 치사 발생률이 모두 전염병 수준으로 높았던 시기였다. 대공황 직전(재산 불평등도는 1929년에 절정에 달했다)과 재산 불평등이 1929년 이래 가장 심각했고 대공황 이래 어느 때보다도 불황이 심하고 실업률이 높았던 1980년대의 레이건과 아버지 부시 집권기였다. 반대로 1942년부터 1968년까지 사반세기(루스벨트의 3선 집권기부터 닉슨을 권좌에 앉힌 보수 열풍으로 '뉴딜 합의'가 종식된 1969년까지)는 20세기에 들어와서 경제가 가장 평등했던 시기였고, 앞에서 살펴본 대로 20세기에 들어와서 평균 수준을 한참 밑도는 폭력 치사 발생률이 가장 오래 끊기지 않고 지속된 시기였다.

마지막으로, 경기 위축(경기 후퇴, 불황, 국내총생산 하락 시기)을 직접 분석한 결과 이런 경제 상황과 자살률 및 살인율의 상승 사이에 통계적으로 유의한 연관성이 있음을 발견했다. 이미 살펴본 대로, 최고 자살률(10만 명당 17명)과 최고 폭력 치사 발생률(26.5명)은 1932년에 나왔는데 그때는 미국 경제가 최악으로 치닫던 때였다. 또한 살인율도 그 시점까지 기록된 살인율 중에서 최고 수치를 기록했다(10만 명당 9.5명). 그러나 이것보다 더 높은 살인율이 20세기에 들어와 공화당이 가장 오래 집권한 1969년부터 1992년까지 24년 동안 인구 10만 명당 10.8명과 10.9명으로 세 번이나 나왔다. 이때는 모두 거의 5년 가까이 불황이 거듭된 시기였는데, 그중에는 1930년대 이후로는 전무후무한 수준의 불황도 있었다. 실업률도 1930년대 이후로 전무후무한 수준으로 치솟았고 재산과 소득의 불평등 역시 1929년(즉 공화당이 1921년부터 1932년까지 장기 집권하던 도중) 이후로 전무후무한 수준이었다. 공화당 대통령이 다섯 번 임기를 채우는 동안 경제가 거듭해서 긴장과 침체를 겪었던 이 시기(사회적으로나 경제적으로 가장 보수적이었던 민주당원 카터가 중간에 끼어 있었다)는 1장에서 살펴본 대로 자살률과 살인율이 '능선'을 계속 유지하고 뻗어나가면서 전염병 수준 이하로 단 한 번도 내려가지 않은 시기이기도 했다. 그래서 실업, 불황, 불평등이라는 서로 관련된 경제 변수 세 가지가 폭력 치사의 위험 요인이라고 생각할 만한 상당한 이유가 있다.

자살과 실업의 관계는 수십 종류의 연구에서 거듭 확인되었으며 이제는 이 연관의 타당성에 관해서는 사회과학자들 사이에서 대체로 합의가 이루었다고 말해도 무방하리라 생각한다. 살인과 실업의 관계도 자살과 실업의 관계만큼 일관성을 보여주지는 못하더라도 역시 강력한 연관성이 있음을 많은 연구가 밝혀냈다. 이런 주제를 다룬 방대한 문헌을 이 책에서 논평하는 것은 무리다.[11] 간행된 증거 다수와 마찬가지로, 이 책이 기반을 둔 자료에 대한 나 자신의 분석(이 주제에 관한 연구 중에서는 가장 오랜 기간과 큰 인구 규모를 다루었다)도 그렇거니와 그 자료에 대한 시계열 분석을 수행한 나의 연구 동료인 밴디 리 박사의 분석 역시 집권 정당과 폭력 치사 발생률의 연관성을 서로 다른 두 정당이 정권을 잡은 기간에 일어난 실업률 변화와 1인당 국내총생산(GDP) 변화가 초래하거나 매개할 가능성을 보여주었다. 이 사실은 나라를 통치하는 정당과 살인의 연관성에 관한 수수께끼를 푸는 데 필요한 다음 단계로 나를 끌고 간다. 그것은 바로 내가 이 장에서 초점을 맞춘 세 가지 경제 변수, 곧 실업, 불평등, 불황과 정당 사이에는 어떤 관계가 있는가 하는 물음이다.

3장

보수는
경제에 강하고,
진보는
경제에 약한가?

왜 불평등이 공화당 때는 커지고
민주당 때는 줄어드는가

자본주의를 가장 격렬하게 비판한 카를 마르크스(Karl Marx)가 태어나기도 한참 전에 자본주의의 으뜸 가는 철학적 옹호자였던 애덤 스미스(Adam Smith)는 벌써 이 경제 체제의 결함 하나는 수요 공급의 법칙으로 말미암아 실업률이 높은 경제 체제로 운영하는 것이 고용자에게 유리하다는 것이라고 지적했다. 그래야 '노동 비용', 곧 고용자가 사람들이 고용자를 위해서 일하도록 설득하려면 지급해야 하는 임금이 낮아지기 때문이다. 이런 체제가 최악으로 치달으면 저마다 느끼는 바가 있고 바라는 바가 있는 노동자 한 사람 한 사람은 모두 그저 사고팔 수 있는 상품, 고용자가 보기에는 더 비싸거나 덜 비싸다는 차이밖에 없는 상품이 되어버린다. 따라서 피고용자(노동자)보다 고용자(자본가)를 옹호하고 또 피고용자보다 고용자한테서 지지를 받는 정당은 실업률을 높이는 효과가 있는 정책을 추구해야 남는 장사가 된다. 이것은 자기 정당에 표를 던지는 유권자들을 챙기는 방식의 하나며 아들 부시 대통령이 그들을 "가진 분들과 더 가진 분들"이라고 지칭했을 때[1] 그 실체가 '까발려'졌다

지난 세기 동안 공화당 정부와 민주당 정부가 보여준 경제 성적표를 비교하면 우리는 적어도 그들의 집권기가 폭력 치사 발생률에 끼친 영향만큼이나 성적이 극과 극으로 갈림을 확인할 수 있다. 공화당은 번영을 가져오는 당을 자처한다. 그러나 이 장에서 앞으로 살펴보겠지만 공화당은 지난 한 세기 내내 실업의 규모와 지속도, 경기 위축(경기 후퇴와 불황)의 빈도와 깊이와 지속도, 소득과 재산의 불평등을 하나같이 높였다. 이것은 가난한 자와 부유한 자의 격차가 커졌음을 뜻한다. 공화당은 또 민주당에 비해 평균 임금, 최저 임금, 종합 번영도(1인당 국내총생산), '상품화 지수'(실업보험을 비롯하여 정부가 제공하는 각종 수당의 측정치)를 올리기보다는 내리는 경향이 훨씬 강했다. 짐작하겠지만 이 다양한 측정치들은 서로를 끌어올리는 경향이 있다는 점에서 겹치는 부분이 많다. 가령 불황은 실업률을 높이는데, 제임스 갤브레이스(James Galbraith)가 지적하듯이[2] "실업자가 늘어나면 불평등도 확대된다. 그리고 실업자가 줄어들면 불평등도 감소한다." 갤브레이스는 이 점을 수학으로 규명한다.

실업의 동태만으로 임금 불평등의 모든 편차가 79퍼센트 설명된다. …… 다른 영향도 고려해야겠지만 …… 실업률의 변화가 압도적으로 중요하다. …… 역사를 돌아보면 그 어떤 것도 그만한 효과를 못 낸다. …… 불평등을 걱정하는 사람이라면 실업률이 불평등을 높이기 시작하는 수준 밑으로 실업률을 묶어 두는 데 주안점을 두어야 한다.[3]

갤브레이스는 이어 1920년부터 1998년까지 실업률과 실업률의 가까운 친척인 불평등이 특정 시기에 어떻게 극적으로 늘어나고 어떻게 극적으로 줄어들었는지를 보여준다. 갤브레이스가 연관성을 지적하지는 않지만 실업률과 불평등이 두드러지게 올라갔던 시기는 공화당 대통령이 백악관을 차지한 시기였고 실업률과 불평등이 줄어든 시기는 민주당 정부 때였다. 갤브레이스가 펼치는 논리의 명백한 함의는 실업률을 불평등을 비추는 거울로, 좀 더 간단히 말하면 거의 불평등의 측정 수단으로 써도 될 정도라는 것이다.

개인 차원에서 보면 한 사람이 직장을 잃는 순간 그는 자신과 아직 직장이 있는 사람들과의 경제적 불평등이 커졌음을 경험한다. 이런 의미에서 실업률과 실업의 지속도는 경제적 불평등이나 상대적 빈곤을 측정하는 또 다른 수단으로 볼 수 있다. 미국은 다른 모든 경제 선진국에 비해 최저 수준에 불과하지만, 실업 수당이 실업으로 잃은 임금을 상쇄하는 부분만 제외하면 말이다.

실업률과 불황은 20세기 내내 노동통계국과 전미경제연구소

(NBER)에서 각각 측정했는데, 실업률과 불황 수치의 흐름을 추적하면 경제적 손실과 곤경이 드러나는 이 두 가지 형식이 공화당 정부 때는 모두 올라갔고 민주당 정부 때는 모두 내려갔음을 알 수 있다.

먼저 실업률부터 다루겠다. 실업 수치가 보여주는 사상 놀라운 점 하나는 실업률과 실업 지속도가 단 한 번의 예외 없이 모든 공화당 행정부 때 올라갔고 모든 민주당 행정부 때 내려갔다는 것이다. 다시 말해서 공화당이 백악관을 떠났을 때는 공화당이 백악관에 들어왔을 때보다 실업률이 높았고 민주당이 백악관을 떠났을 때는 민주당이 백악관에 들어왔을 때보다 실업률이 낮았다. 1900년부터 2008년(아들 부시의 임기 마지막 해)까지 모든 공화당 정부 집권기에 나타난 증가분을 전부 더하면 실업률의 누적 증가분은 27.3퍼센트다. 반면 민주당의 누적 감소분은 방향만 반대일 뿐 거의 똑같은 26.5퍼센트다. 그래서 전체 기간 동안 두 정당이 실업률에 끼친 영향의 순누적 차이는 53.8퍼센트에 이른다.[4]

프린스턴 대학의 정치경제학자 래리 바텔스(Larry Bartels)는 1948년부터 2005년까지 전후 미국에서 실업 지속도가 공화당 대통령 때가 민주당 대통령 때보다 평균 30퍼센트 길었음을 알아냈다(각각 6.26퍼센트와 4.84퍼센트).[5] 실업 지속도는 공화당이 백악관을 떠날 무렵이면 공화당이 백악관에 들어왔을 때보다 예외 없이 길었고 민주당은 백악관에 들어왔을 때보다 백악관을 떠날 때 실업 지속도가 항상 짧았다. 1948년부터 2003년까지 공화당은 실업자의 실업 기간을 모두 24.6주만큼 늘렸고 민주당은 모두 13.6주만큼 줄였다. 두 정당의 차이는 38.2주인데, 이것은 거의 9개월에 가까운 기간이다.[6]

실업 기간이 늘어나면 실업으로 인한 스트레스가 가중될 뿐만 아니라 절망감, 좌절감, 수치심, 소외감, 자기 모멸감도 당연히 커진다. 여기서 또 하나 눈여겨볼 점이 있다. 노동통계국이 통계 자료를 수집하는 절차에는 중대한 결함이 있는데, 오랫동안 실업자로 지낸 사람은 일자리를 찾는 데 장기간 실패를 거듭했으므로 이제 일자리를 찾을 의욕이 꺾였다고 보고 아예 실업자로 계산하지 않는다는 사실이다. 장기 실업자는 실업자가 아니라는 것이다. 이것은 실업 기간이 길어질수록 실제 실업률은 극단적으로 낮게 잡힌다는 뜻이다. 또한 공화당 정부 때 측정되고 보고된 실업률이 아무리 높다 하더라도 실제 실업률은 기록된 실업률보다 십중팔구 훨씬 높았으리라는 것을 의미한다. 따라서 공화당과 민주당의 실업률 차이는 겉으로 드러나는 것보다 아마 더 클 가능성이 높다. 이런 결론은 '사실'이지 결코 '의견'이 아니다. 이 사실은 무언가가 사실로 보고되는 절차를, 즉 이 문제를 연구하는 거의 모든 노동경제학자들이 지적하듯 진짜 실업률이 심각하게 과소평가하는 실업률 기록을 비판하는 것으로 이어진다.

불황은 어떨까? 이 책을 쓰기 위해 자료 수집에 나서기 전만 하더라도 나는 공화당 열성 지지자들로부터 높은 소득세, 높은 자본이득세, 높은 법인세, 높은 '사망'(상속)세와 과도한 규제로 경제 성장을 질식시키는 경쟁자 민주당과는 달리 자기네 정당은 경제를 성장시키는 정당이라는 말을 귀에 못이 박히도록 들어서 정말 그런 줄로만 알았고, 민주당은 경제에 약하고 공화당은 경제에 강하다는 사실을 상세한 믿음 더근 금씨 사인에서 비러보고 나나에 좋은 이익을 가져올 것이라고 생각될 때만 민주당을 지지해야 하는 줄 알았다. 그래서 공화당의 평판과는 달리 숫자가 보여주는 것은 정반대라는 사실을 깨달았을 때 정말로 놀랐다. 충격을 받았다는 말이 더 정확할 것이다. 내가 여기서 언급한 숫자는 진보 성향이나 좌파 성향과는 거리가 먼 전미경제연구소가 수집하고 공표한 것이다. 이곳에서 최근 수 년간 소장을 맡고 있는 마틴 펠드스타인(Martin Feldstein)은 보수적인 역대 공화당 대통령들의 경제 자문을 지낸 사람이다. 그러나 전미경제연구소는 어느 기관보다도 전문적인 식견으로 미국 경제를 객관적이고 비정파적으로 파악하는 것으로 명성이 높다. 전미경제연구소가 하는 중요하고 영향력 있는 작업 중 하나가 나라가 경기 위축(불황이나 침체)기로 접어들었는지 팽창기로 접어들었는지를 판정하는 일이다. 나는 '의견'과 '사실'을 구분하기 위해서 1900년부터 2010년 10월까지를 대상으로 전미경제연구소가 작성한 위축기와 팽창기의 각종 도표를 살펴보았다. 미국인의 통념은 경제 성장을 원하면 공화당을 찍어야 하고, 민주당은 성장의 숨통을 막는다는 것이다. 정말로 그랬을까?

1900년부터 2010년 10월까지 미국은 민주당이 나라를 다스렸을 때보다 공화당이 정권을 잡았을 때 대략 3배 더 오래 불황을 겪었다. 민주당 때는 86개월이었고 공화당 때는 246개월(20년도 넘는다)이었는데 이런 차이가 우연히 생겼을 확률은 1만 분의 1도 안 된다. (공화당은 61년 동안 정권을 잡았고 민주당은 2010년 10월 현재 50년 가까이 정권을 잡았으니 절대 수치로만 비교하면 공화당이 불리하기 때문에) 집권 당시 연간 각각 몇 달이나 경기 위축을 겪었는지를 다시 따져보았더니 여전히 차이가 컸다. 공화당은 정권을 잡은 동안 민주당보다 매년 2.3배나 더 긴 불황을 가져왔다. 게다가 공화당 때의 불황은 한번 시작되면 민주당 때보다도 4개월 이상 더 오래 갔다. 공화당의 불황은 보통 14.2개월 이어졌고 민주당은 9.8개월 이어졌다. 결국 공화당 때는 민주당 때보다 2배 이상 자주 불황이 일어났고 45퍼센트 이상 오래 갔다.

또 다른 차이가 있다. 불황은 공화당 대통령 때 17번 시작되어서 민주당 대통령 때 시작된 불황 6번의 3배에 육박했다. 뿐만 아니라 민주당은 퇴임하는 공화당 대통령으로부터 불황을 4번 물려받았다(1913년, 1933년, 1961년, 2009년). 반면 공화당은 지난 111년 동안 1921년에 딱 한 번 민주당으로부터 불황을 물려받았고 그 불황이 끝난 다음에는 곧바로 3번의 불황, 즉 1923년 불황(14개월 지속)과 1926년 불황(13개월 지속) 그리고 1929년 대공황을 일으켰다. 1929년 8월부터 1933년 3월까지 43개월이라는 잔여 임기 동안 공화당은 악화하기만 하는 경제 흐름을 반전시키지 못하는 무능함을 보였다. 그 다음에 정권을 잡은 민주당의 프랭클린 루스벨트는 금세 경제 흐름을 뒤집어서 경제를 팽창시켰고 그 추세는 이어진 50개월 동안 중단 없이 계속됐다. 그 흐름은 루스벨트가 공화당이 예전에 채택하고 옹호했던 경제 정책으로 돌아가기도 결성이면서 1년 동안(1937년 7월부터 1938년 6월까지) 끊겼지만, 루스벨트가 원래 정책으로 복귀하면서 다시 중단 없는 팽창기를 불러왔다. 대공황이 2차 세계대전을 계기로 끝났다고 잘못 알려진 통념과는 달리 이 팽창기는 1938년 6월부터 1941년 12월까지 계속되었다. 아직 미국이 2차 세계대전에 참전하기 전이었는데도 불황에서 벗어난 것이다.

요약하면 다음과 같다.

1) 불황은 공화당 정부 때 민주당 정부 때보다 3배 더 자주 시작되었다(17대 6). 공화당의 불황은 45퍼센트 더 오래 갔고 민주당 때 시작된 불황보다 공화당 때 시작된 불황이 무려 4배나 오래 갔다(20년 이상 대 5년 미만).

2) 공화당은 자기 정권 때 시작된 불황을 다음 정권에 '유산'으로 넘길 확률이 민주당보다 4배나 높았다. 공화당은 모두 4번에 걸쳐서 곧 민주당의 윌슨, 프랭클린 루스벨트, 케네디, 버락 오바마(Barack Obama) 대통령에게 불황을 물려준 반면 민주당은 딱 한 번만 그랬다(1921년 3월 윌슨 정부 때 시작된 불황).

3) 민주당이 집권하는 동안에 일어난 불황의 3분의 1은 공화당 정

권으로부터 물려받은 것이었다(86개월 중 27개월). 공화당이 집권하는 동안에 일어난 불황의 2퍼센트만이 한 명의 민주당 대통령에게 단 한 번 물려받은 것이었다(전체 242개월 중 4개월).

4) 이 수치는 공화당이 민주당한테 넘긴 불황이 단 한 명의 민주당 대통령이 공화당 정부에게 넘긴 비교적 가볍고 짧았던 단 한 번의 불황보다 더 깊고 더 고약하고 더 '치유'하기 어려웠음을 뜻한다. 공화당이 민주당으로부터 물려받은 단 한 번의 불황은 1921년에 일어났는데 겨우 4개월 만에 끝난 반면 민주당이 네 명의 공화당 대통령으로부터 물려받은 4번의 불황은 끝나는 데 모두 27개월이 걸렸다.

5) 이 결과는 공화당 정부 때 시작된 17번의 불황과 민주당 정부 때 시작된 6번의 불황은 대체로 집권당이 초래한 것이지만, 민주당 대통령이 집권했을 당시 이미 존재했고 민주당이 집권하는 동안 경험한 전체 불황 기간에서 3분의 1 가까이를 차지하는 4번의 불황은 대체로 공화당 전임 대통령의 경제 정책에서 비롯되었음을 뜻한다. 가령 루스벨트 대통령이 1933년에 물려받은 대공황을 루스벨트가 일으켰다고 믿는 사람은 아무도 없다. 대공황은 루스벨트가 아직 대통령이 아니었던 1929~1930년에 공화당이 일으켰다. 마찬가지로 오바마가 2009년에 대통령으로 취임하면서 물려받은 대불황(Great Recession)도 2007년에 공화당이 일으킨 것이었다. 윌슨과 케네디가 공화당으로부터 물려받은 불

황을 두고도 똑같은 이야기를 할 수 있다.

6) 공화당이 민주당으로부터 단 한 번 물려받은 불황을 4개월 만에 끝낸 것이 공화당이 유능했기 때문이라는 또 다른 가설은 다음에 제시하는 사실들 때문에 설득력이 떨어진다.

7) a) 민주당의 루스벨트 대통령은 취임하자마자 과감한 비상 조치를 취해 경기 위축을 팽창으로 뒤집으면서 자본주의 역사상 가장 심각한 경기 침체기였던 1930년대의 대공황을 끝내는 데 성공했다. 그 어떤 공화당 대통령도 따라올 수 없는, 어쩌면 따라갈 필요성을 못 느낀 업적이었다(물론 다른 민주당 대통령도 루스벨트 같은 위업은 이루지 못했다).

b) **물려받지 않은** 불황을 자기 집권기에 막지 못하는 무능을 17번이나 보여준 공화당(민주당 대통령은 6번)이, 자기가 일으킨 불황을 재빨리 극복한 민주당과는 달리 (1929년에 시작된 대공황이라는 경기 위축을 반전시키지 못하는 무능함에서 여실히 드러난 것처럼) 한번 일어난 불황을 끝내는 능력을 별로 보여주지 못한 공화당이 **물려받은** 불황을 민주당보다도 빨리 끝낼 수 있는 역량을 가지고 있다는 논리는 설득력이 약하다. 윌슨 민주당 대통령이 1921년에 후임 공화당 대통령에게 물려준 단 한 번의 불황이 네 명의 공화당 대통령이 후임 민주당 대통령에게 물려준 불황보다 가벼웠다고 보는 것이 더 합리적이다.

반대쪽 영향, 즉 경제를 성장시키고 팽창시키는 두 정당의 능력을 비교하면 우리는 민주당이 집권하는 동안 경제는 전체 집권기의 86퍼센트에 해당하는 기간 동안 확대되었고 공화당이 집권하는 동안은 전체 집권기의 66퍼센트에 해당하는 기간 동안 확대되었음을 알 수 있다.

경제를 성장시켜서 미국을 번영의 길로 이끄는 두 정당의 역량 차이를 알아보는 또 하나의 잣대는 각 정당이 집권하는 동안 1인당 국민총생산이 얼마나 늘어났는지를 비교하는 것이다. 바텔스가 보여준 것처럼[7] 1948년(이 개념이 처음으로 측정되고 보고된 해)과 2005년 사이에 (인플레이션을 감안한) 1인당 실질 국민총생산은 공화당이 정권을 잡은 동안 1.64퍼센트 늘었다. 민주당이 집권한 동안은 경제가 얼마나 성장했을까? 답은 아주 놀랍다. 2.78퍼센트다. 58년이라는 기간을 비교했을 때 경제 성장률이 무려 1퍼센트 이상 높았다(더 정확히 말하자면 공화당보다 70퍼센트 더 높았다).

민주당 때보다 공화당 때 어째서 실업률이 올라가서 더 오래 지속되고 어째서 불황이 더 자주 일어나고 더 오래 갔을까? 그리고 공화당 대통령이 백악관에 있을 때보다 민주당 대통령이 백악관에 있을 때 어째서 실업률은 훨씬 내려가고 경제가 훨씬 성장했을까? 단순히 공화당은 운이 나빴고 민주당은 운이 좋아서 생긴 일일까? 자연의 힘이나 신의 섭리처럼 사람들의 정치적 선택과는 무관한 '경기 순환'이 공화당 대통령이 나왔을 때만 우연히 작용해서 벌어진 일일까? 물론 불운도 따랐겠지만 그 잘못을 공화당에게 물을 수는 없는 것일까?

이런 추측과는 반대로, 정당과 경제의 함수 관계를 연구한 많은 전문가들은 경제가 두 정당이 권제 정책 차이로 밑바탕이 크게 달라진다는 결론을 내렸다. 가령 경제 불평등이 왜 공화당 때는 커지고 민주당 때는 줄어드는지를 살펴보면 이 사실을 확인할 수 있다. 래리 바텔스는 2007년에 쓴 책에서 이렇게 결론지었다.[8]

> 지난 반세기 동안 미국의 소득 분배 변화에 중요한 영향을 끼친 요인을 딱 하나만 꼽으라면 그것은 민주당 정부와 공화당 정부의 상반된 정책이다. 공화당 정부 때는 저소득층과 중간소득층의 실질 소득 증가가 부유층의 소득 증가율을 크게 밑돌았고 민주당 정부 때 나타난 저소득층과 중간소득층의 소득 증가율과 비교해도 크게 낮았다.

더욱이 바텔스는 이렇게 말한다. "소득 증가에서 나타난 정당 사이의 상당한 격차가 …… 우연 때문에 일어났을 가능성은 희박하다. …… 그런 차이는 그보다는 민주당 정부와 공화당 정부가 역점을 둔 정책의 일관된 차이를 드러낸다."

한편 바텔스는 불평등을 재는 잣대를 하나 더 거론한다. "80/20 소득 비율*은 (2차 세계대전 이후에 등장한) 여섯 명의 공화당 대통령 때 늘어났다. …… 반면 지미 카터만 빼고 민주당 대통령 다섯 명

중에서 네 명 때는 소득 불평등이 줄어들었다. 이것이 우연이라면 아주 엄청난 우연이다."[9] 바텔스는 이어서 "민주당 정부와 공화당 정부가 우연히 그 시기에 집권했을 뿐이라고 보기 어려운" 이유를 제시한다.

논의를 더 넓혀서 정치경제학자 더글러스 힙스(Douglas Hibbs)는 이렇게 지적한다.[10] "민주당 정부는 실업을 줄이고 성장을 끌어올리려는 목적으로 만들어진 팽창 정책을 추구하기 위해 높은 물가 상승률을 무릅쓸 가능성이 공화당 정부보다 높다." 힙스에 따르면 "(1951년) 이후 일어난 여섯 번의 불황 중에서 다섯 번이 …… 공화당 정부 때 일어났다. 이 경기 위축은 하나같이 …… 인플레이션과 싸우느라 의도적으로 만들었거나 수동적으로 받아들인 것이었다." 그런데도 1948년부터 2005년까지 공화당 정부 때의 물가 상승률이 민주당 정부 때 나타난 물가 상승률과 사실상 차이가 없다는 것은 잔인한 아이러니가 아닐 수 없다(3.76퍼센트 대 3.97퍼센트). 반면 전체 성장 규모를 비교하면 (연간 1인당 실질 국민총생산 기준) 바텔스가 보여준 대로[11] 민주당 때가 공화당 때보다 70퍼센트나 높았다(2.78퍼센트 대 1.64퍼센트). 이렇게 공화당은 표면적으로는 인플레이션을 막는다면서 실업, 불황, 불평등을 높이는 경제 정책을 추구

---

* 소득 상위 20퍼센트 지점에 위치한 특정인의 소득 금액을 하위 20퍼센트 지점에 위치한 특정인의 소득 금액으로 나눈 수치. 이 수치가 클수록 소득 불평등 정도가 심한 것으로 본다. (편집자 주)

했지만 실제로는 인플레이션을 막는 능력이 민주당보다 별로 뛰어나지도 않았다.

불황과 실업의 관계를 분석한 시어도어 치리코스(Theodore Chiricos)는 이렇게 지적했다

> (1970년대 초반에) 실업률은 1930년대 이후로 그 어느 때보다도 더 가파르고 높게 올라갔다. 1969년 민간 실업률은 3.5퍼센트로 지난 15년간 가장 낮은 수준으로 떨어졌다. 그 뒤로 일어난 세 번의 불황은 실업률을 점점 끌어올려서 1971년에 5.9퍼센트, 1975년에 8.5퍼센트, 1982년에 9.7퍼센트를 기록했다. 1982년 봄 즈음이면 실업률은 미국의 여섯 개 주에서 11퍼센트로 치솟았다. 타격을 가장 크게 받은 것은 십대, 청년층, 소수 민족, 블루칼라 노동자였다. 가령 1982년의 실업률은 20~24세의 성인에서 14퍼센트로 나타났고 건설 노동자는 18퍼센트, 자동차 산업 종사자는 28퍼센트, 십대 흑인은 42퍼센트로 나타났다. 1982년 봄께부터는 경제 불황의 우려가 전국 매체에서 공공연하게 논의되었다.[12]

그가 지적하지 않은 것은 실업이 늘어난 이 기간들이 모두 공화당이 백악관을 차지했을 때라는 사실이다. 가령 1969년은 36년 동안 미국 정계를 지배했던 뉴딜 합의를 공화당의 새로운 패권이 밀어낸 첫해였다. 그 바람에 대공황으로 끝나버린 공화당의 마지막 주도권 이후로 "지난 40년 동안 상상도 못했던 수준으로까지 실업

률이 쑥 올라갔다." 치리코스는 정당이라든가 자신이 거론하는 경제학자와 평론가(마틴 펠드스타인, 밀턴 프리드먼Milton Friedman, 윌리엄 사파이어William Safire, 제임스 Q. 윌슨James Q. Wilson, 리처드 헌스타인Richard Herrnstein)가 어떤 정파적 이념을 지녔는지는 역시 거론하지 않으면서 이렇게 덧붙인다.

(이 경제적 재난이 펼쳐지는 동안에도) 이런 추세의 의미는 이런저런 방식으로 도외시되었다. 가령 관변 경제학자들은 '완전 고용' 개념을 주기적으로 재정의하여 점점 더 높은 수준의 실업까지 그 개념에 포함시켰다. 일부 경제학자들은 '새로운 실업'은 여성, 십대, 자발적 퇴직자를 더 많이 계산에 넣은 것이므로 덜 해롭다고 주장했다. 또 어떤 경제학자들은 높은 실업률은 불가피하며 인플레이션과 싸우려면 오히려 필요하다고 주장하기도 했고 서비스 산업에서 일자리가 늘어나면 금방 실업률이 떨어질 것이라고 주장하기도 했다. 그런가 하면 어떤 경제학자들은 실업률 증가는 범죄율에 전혀 또는 거의 영향을 끼치지 않는다고 주장했다.[13]

그렇지만 이미 살펴본 대로 그 시기는 미국에서 20세기 들어 전염병 수준의 살인율과 자살률이 가장 오래 지속된 시기였다.

대니얼 호이만(Daniel Hojman)과 펠리페 카스트(Felipe Kast)는 좀 더 최근의 시기를 거론하면서 1990년대(클린턴이 대통령으로 있던 시기)에 레이건–부시 시대였던 1980년대와 비교해서 빈곤에 빠지는 사람이 크게 줄었고 빈곤에서 탈출하는 사람이 크게 늘었음을 보여주었다.[14]

앞 장에서 살펴본 대로 1900년부터 2007년까지 실업률 그 자체(어느 정당이 정권을 잡았는가와는 무관하게)가 해당 기간 동안에 측정한 세 가지 폭력 치사 발생률의 변화와 모두 긍정적 연관성을 보였다(그 연관성이 우연일 가능성이 살인율은 5퍼센트보다 낮았고 자살률은 1퍼센트보다 낮았으며, 총 폭력 치사 발생률은 1퍼센트보다 낮았다). 밴디 리 박사의 시계열 분석은 집권당이 폭력 치사에 끼치는 영향이 대체로 실업률 변화로 설명됨을 보여주었다. 물론 정당이 실업률을 좌우한다고 해서 '진정한' 원인을 하나로만 좁히고 나머지 원인들은 가짜로 규정하고 배제하자는 말은 아니다. 단지 인과의 고리 혹은 인과 메커니즘 사이의 상호 작용이 존재한다는 뜻이다. 만일 공화당 정치인들이 실업률을 높이고 실업률 상승이 폭력 치사 발생률을 높인다면 공화당에게 책임이 있음은 자명하다. 어떤 남자가 방아쇠를 당기면 사람을 죽이는 것은 총알이지 그 남자가 아니지만 그 남자가 책임을 져야 하는 것과 같은 이치다.

그러나 조금 더 자세히 들어가면 중요한 것은 정당의 이름이 아니라 공화당 대통령이 되는 정치인의 정책이라는 논리도 가능하다. 아이젠하워는 더없이 좋은 예다. 아이젠하워는 말이 공화당 정치인이지 사회 보장과 실업 수당의 규모를 이런 정책이 실시된 뒤로 가장 크게 키웠다든가, 미국 역사상 가장 높은 수준의 소득세 최고세율(91퍼센트)을 이어갔다든가, 대법원의 인종 격리 금지 판결을 실천에 옮겼다든가, 보건교육복지부를 정부 부처 수준으로 끌어올렸다든가 하는 식으로 민주당 대통령이 택했을 법한 정책과 가치를 밀어주고 뒷받침했다. 그래서 많은 보수 정치인들이 아이젠하워는 '자기들 사람'이 아니라고 생각했다.(아이젠하워 자신도 공화당에서 자주 소외감을 느꼈고 정당을 바꿔볼까 싶다는 말을 한두 번 한 것이 아니었으며 루스벨트의 뉴딜 노선을 사회 정책과 경제 정책으로 이어가겠다는 뜻을 분명히 밝혔다.) 고(故) 윌리엄 버클리(William Buckley)는 1966년부터 지금까지 공화당이 (주 의회에서 연방 의회에 이르기까지) 미국 전역에서 크게 약진할 수 있도록 보수주의 운동을 성공적으로 이끈 사람으로 널리 인정받는 인물인데, 그는 아이젠하워를 지지하지 못하겠다고 했다. 공화당 상원의원이었던 고 배리 골드워터(Barry Goldwater)는 아이젠하워 시절에 왼쪽으로 기운 당을 바로잡아야 한다는 명분을 내세우면서 공화당을 극우 쪽으로 몰아갔다.

전임 민주당 대통령 트루먼으로부터 물려받은 낮은 폭력 치사 발생률을 높이지 않은 유일한 공화당 대통령이 아이젠하워였던 것처럼, 카터는 닉슨과 포드 두 전임 공화당 대통령으로부터 물려받은 전염병 수준의 폭력 치사 발생률을 종식시키지 못한 유일한 민주당 대통령이었다. 제이콥 해커(Jacob Hacker)와 폴 피어슨(Paul Pierson)은 카터 대통령 집권기를 분석한 최근의 연구에서 카터의 경제 정책은 많은 점에서 심지어 닉슨의 경제 정책보다도 보수적이었다고 지적한다.[15] 아이젠하워가 민주당으로 당적을 바꿀까 생각했던 것처럼 카터도 같은 민주당원보다는 공화당원과 있을 때 더 편하다고 말했다. 그리고 아이젠하워의 많은 동료 공화당인들이 그를 '자기들 사람'이 아니라고 여긴 것처럼 카터의 많은 동료 민주당원들도 똑같이 거리감을 느꼈다. 가령 자유주의 역사학자 아서 슐레진저 2세(Arthur Schlesinger Jr.)는 많은 노동운동 지도자와 마찬가지로 카터를 공화당원이라고 부르며 그를 지지하기를 거부했다. 결국 경제에서든 행위에서든 결과물을 만들어내는 것은 정책이지 정당이 아니다. 행위가 거의 언제나 이 정당 아니면 저 정당과 관련을 맺는 것은 거의 언제나 이 정당의 정책이 저 정당과 달랐기 때문이었다. 그리고 정책이 다르지 않을 때, 오직 그때만 두 정당의 업적(또는 실패)은 다른 정당과 관련을 맺는다.

살인에 대한 궁금증은 일단 풀렸지만 우리의 수수께끼는 깊어진다. 번영과 치안과 관련하여 우리가 가진 가장 객관적이고 신뢰할 만한 통계 수치에 따르면 공화당은 빈곤과 폭력 치사의 정당이다. 그런데도 공화당은 번영과 치안의 정당이라고 주장하면서 번번이 정권을 잡는다. 그렇지만 번영을 이루지 못하고 폭력 치사 발생률을 떨어뜨리는 못하는 공화당의 무능은 공화당이 표를 얻으려는 유권자들에게는 유리하게 작용한다. 왜 그럴까?

결정적인 것은 대통령이다

하지만 나는 우선 여러분이 어째서 의회의 주도권을 어느 정당이 쥐었는가가 아니라 대통령이 어느 정당인지에만 초점을 맞추느냐고 의문을 던지는 모습을 상상할 수 있다. 왜 대통령인가? 의회가 번영과 치안의 문제와 관련하여 나름의 역할을 하고 있고 할 수 있다는 것은 두말하면 잔소리다. 가령 존슨의 임기 마지막 두 해 동안(1967~1968년) 공화당이 야당으로 포진한 의회는 진보적 민권 법안이 더 입법화되는 것을 모조리 막아낼 수 있을 만큼 막강했다. 그렇지만 1994년에는 공화당이 의회를 지배했는데도 모든 사람의 예상을 뒤엎고 뛰어난 정치적 수완을 발휘한 클린턴에게 휘둘러서 진보적 법률과 정책이 잇따라 통과되는 것을 막지 못한 것도 사실이다.

클린턴의 예가 보여주듯이 통계 수치의 대부분은 미국에서 의회가 규모와 일관성과 통계적 유의성에서 폭력 치사 발생률에 대통령에 버금가는 영향력을 발휘한다는 생각을 뒷받침하지 않는다. 내가 여기서 검토하는 문제들의 경우 보통 의회보다는 대통령이 훨씬 큰 힘을 휘두른다는 생각을 뒷받침하는 증거가 대다수다. 아무튼 공화당 정부 때 폭력 치사 발생률이 올라가고 민주당 정부 때 폭력 치사 발생률이 내려간다는 연관성을 통해서 내가 밝혀낸 통계적 규칙은 의회의 다수당이 어느 정당이냐가 아니라 (딱 두 번 예외가 있지만) 대통령이 어느 정당이냐와 관련이 있었다.

바텔스도 집권당과 실업률을 비롯하여 각종 경제적 고통과 불평등의 관계를 연구하여 같은 결론에 이르렀다.[16] 그는 대통령이 의회보다 이런 변수들에 훨씬 중요한 영향을 끼침을 알아냈다. 의회가 힘을 쓴다면 그것은 주로 대통령이 하기 싫어하는 일을 하도록 강요하기보다는 대통령이 하고 싶어 하는 일을 막는 방식으로 일어날 가능성이 높다(대통령은 거부권을 행사할 수 있으므로 하기 싫은 일은 안 할 수 있다).

요컨대 우리가 다 설명할 수 있느냐 없느냐와는 무관하게(이 짧은 논의에서 그것을 다 설명한 것처럼 굴 생각은 없다) 경험적 증거로 미루어볼 때 의회를 어느 정당이 장악했느냐보다는 대통령이 어느 정당 소속이냐가 미국에서 폭력 치사 발생률을 결정하는 데 더 큰 영향을 끼치는 것으로 보인다. 미국 정치에서 '3권 분립'이 진정으로 동등하게 이루어져 있다면, 이 현상을 어떻게 이해할 수 있을까?

이런 역설은 미국 대통령이 특히 20세기 초반 이후로 의회보다 힘이 강해졌다는 슐레진저의 지적으로 설명이 될 법도 하다. 슐레진저에 따르면 "제왕적 대통령은 루스벨트 초선 때 시작되어 루스벨트 재선 때 뿌리를 내렸고 2차 세계대전 이후로 전성기를 맞았다."[17] 슐레진저는 우드로 윌슨의 말을 인용하여 대통령은 "나라의 유일한 목소리"로 남았고 대통령실은 "체제의 핵심적 활동 장소"라고 강조한다.

그런 결론에 도달한 사람은 슐레진저와 윌슨만이 아님을 리처드
E. 뉴스타트(Richard E. Neustedt)의 연구서《대통령의 권력과 현대의
대통령》[18]이 보여준다. 슐레진저와 마찬가지로 뉴스타트도 1898년
에 또 다른 정치학자 헨리 존스 포드(Henry Jones Ford)가 낸《미국
정치의 성장과 성숙》[19]이라는 분석서에서 공감이 가는 대목을 인용
한다.

공공 정책을 다듬어내는 대통령실의 책임은 참으로 막중하기 때문
에 대통령실을 자세히 그리는 것은 곧 미국의 정치사를 쓰는 것이나 다
를 바 없다. 여론이 어떤 사안에 영향을 끼치도록 그 사안을 규정하는
…… 유일한 힘은 대통령의 권력에서 나온다는 사실을 확증하는 ……
증거는 역사가 얼마든지 보여주는 듯하다. 대통령의 권력이 커진 것은
대통령의 의도로 설명되지는 않는다. 그것은 정부 부처 전반을 지배한
정치적 상황의 산물이다. 그래서 의회도 대통령실을 강화하려는 무의식
적 성향을 보여준다.

1퍼센트의 이익 대 99퍼센트의 이익

그래도 중요한 수수께끼는 여전히 풀리지 않았다. 어째서 미국
국민은 자신을 불평등(상대적 빈곤)과 폭력이 늘어나는 세상으로
자꾸만 몰아가는 대통령을 낳는 정당에 표를 던지는 것일까? 또

하나, 어째서 그 정당과 그 정당이 배출한 대통령은 불평등과 폭력을 키우는 정책을 계속해서 추구하는 것일까? 나도 놀랐고 독자도 놀라겠지만 이 두 가지 물음은 한 가지 대답으로 답할 수 있다. 그 답을 알아내기 전에 우리는 세 번째 질문을 던져야 한다. 민주주의 국가에서 어째서 유권자의 99퍼센트가 전체 인구의 1퍼센트에게 나라 전체 재산의 40퍼센트 이상을 몰아주는 것일까?

20세기에 미국의 부가 가장 편중된 시기 중 첫 번째는 대공황이 일어날 때까지 공화당이 정권을 잡은 1920년대였고 두 번째는 1960년대 후반부터 1990년대까지(특히 1980년대의 레이건 집권기)였다. '광란의 20년대'에 공화당이 이루어놓은 부의 양극화를 뒤집은 것은 1933년부터 1960년대 후반까지 이어진 뉴딜 합의였다. 이것은 어려운 사람에게 처음으로 지급된 소득 보조금(사회 보장비, 실업 수당 등), 실업 감소, '최저 임금'과 병행하여 최고 소득세를 90퍼센트까지 끌어올려 부가 소수에게 집중되는 것을 막은 사실상의 '최고 임금' 제도 도입을 통해서 이루어졌다. 이런 제도들을 비롯한 다양한 정책은 일부 경제사학자들이 소득과 재산의 격차가 크게 줄어들었다는 데서 '대압착(Great Compression)'이라고 부르는 결과를 낳았다. 대략 1940년부터 1970년에 이르기까지 미국은 가장 번영했을 뿐 아니라 경제적으로 가장 평등하고 가장 비폭력적인(적어도 나라 안에서 벌어진 폭력만 보자면) 시대를 누렸다. 하지만 1969년에 공화당이 정권을 되찾자 평등의 시대는 끝나고 레이건 시대에 와서는 재산과 소득의 불평등이 1920년대 수준으로 되돌아갔다(폭력 치사 발생률 역시 그때 수준으로 다시 높아졌다). 불평등이 심화하는 속도는 1990년대의 클린턴 정부 때 주춤해서 전임 공화당 대통령들때에 비해 겨우 3분의 1 수준으로 떨어졌다. 클린턴이 실업률과 실업 기간을 줄이고 최고 소득세율, 근로 장려세(직업이 있지만 소득이 낮은 사람에게 돈을 주는 마이너스 소득세), 평균 임금, 최저 임금을 끌어올리고 국민 전체의 재산과 소득 중 적어도 일부를 부유한 자한테서 가난한 자에게로 재분배하는 효과를 낳는 정책을 성공적으로 도입한 덕분이었다. 그렇지만 사회를 불평등한 쪽으로 밀어가는 힘은 여전히 강해서 1998년 즈음에도 미국의 최상류층 1퍼센트가 여전히 전체 부동산 자산의 38퍼센트와 전체 금융 자산의 47퍼센트를 차지했다. 다시 말해서 가장 잘사는 1퍼센트가 나라 부동산의 거의 40퍼센트를 소유하고 돈과 기타 유동 자산(주식, 채권 등)의 거의 절반을 소유한 것이다.[20]

부시 임기 마지막 해와 오마바 임기 첫 두 해의 폭력 치사 발생률은 아직 자료가 나오지 않아 비교할 수가 없지만 두 대통령의 경제 정책과 그 결과에 관해서라면 우리도 아는 것이 있다. 지금의 '대불황'(1930년대의 '대공황' 이후로 미국이, 그리고 아마도 전 세계가 겪은 최악의 경제적 실패라고 해서 그렇게 부르는데, 지금이 더 심하긴 하지만 닉슨, 포드, 레이건, 아버지 부시 공화당 정부 때 일어난 불황도 그렇게 불리기에 손색이 없다)은 미국 역사상 손꼽힐 만큼 보수적인 공화당 대통령이 지난 7년 동안 재임한 뒤에 일어난 필연적 결과라고 보아야 한다. 우리는 또 오바마가 장기 실업자에게 주는 실업 수당 지급 기간을 연장하고 중산층과 저소득층 가정에게 주는 세금 감면 혜택은 갱신하고가 공화당 의원들께 다관을 벌였을 때, 공회당이 민주당더러 부시 행정부가 최상류층에게 준 엄청난 규모의 소득세 감면 혜택을 연장하고 상위 0.1퍼센트에서 1퍼센트의 부자만 이익을 보는 상속세 감면 범위를 늘리는 데 동의해주지 않으면 실업자와 중산층, 저소득층을 지원하는 법안을 통과시키지 못하겠다고 버틴다면서 공화당이 중산층과 저소득층을 볼모로 잡고 있는 것이나 마찬가지라고 말한 사실도 안다.

수수께끼는 바로 이것이다. 무슨 수를 썼기에 인구의 1퍼센트를 차지하는 소수의 부자가 인구의 99퍼센트를 차지하는 다수에게 명백히 불리한 쪽으로 돌아가는 체제를 받아들이도록 다수를 설득했단 말인가? 상대적 빈곤을 키우는 정당을 지지하도록 다수 유권자를 설득하기 위해 공화당이 내놓은 해법은 중하류층과 극빈층을 이간질해서 내 지갑을 얇게 만드는 주범이 상류층(과 상류층의 이익을 대변하는 정당)이라는 사실을 알아차리지 못하도록 초점을 흐리는 것이었다. 겨우 입에 풀칠을 하는 사람들이 입에 풀칠도 제대로 못하는 사람들과 티격태격하는 한, 이 두 집단은 부자들을 상대로, 아니 좀 더 정확히 말하자면 인구를 소수의 최상류층과 절대 다수의 어려운 사람들로 양분하는 사회·경제 체제를 상대로 싸움에 나서지는 않을 것이다.

어떤 수를 썼기에 이런 일이 가능할까? 아득히 먼 옛날부터 소수가 다수를 다스리는 수법으로 애용해 온 전략을 갈고 다듬은 것이다. 로마 황제들은 이것을 '분할 정복'이라고 불렀다. 구체적으로 어떻게 그 방법을 썼을까?

린든 존슨 대통령은 미국 남부 사회와 정치 생리를 일컬어 '버본 전략(Bourbon Strategy)'이라고 불렀는데 그것도 그런 수법의 하나였다. 여기서 버본은 위스키가 아니라 남부의 부유한 백인 지배층을 프랑스 부르봉 왕가에 빗대어 일컫는 말이다. 존슨에 따르면 상류층 백인에게는 남부에서 인종 차별이 지속되는 것이 정치적으로도 경제적으로도 유리했다. 그래야만 못사는 백인이 더 못사는 흑인 집단을 깔보면서 우월감을 느낄 수 있고, 그렇게 우월감을 느껴야만 훨씬 재산이 많고 잘사는 백인에게 질투나 앙심을 품지 않기 때문이다. 민주주의를 자처하는 정치 체제에서도 소수의 부자가 이런 '분할 정복' 전략으로 절대 다수의 가난한 사람들을 지배하고 수탈함을 보여주는 좋은 예다. 많은 전문가들은 공화당이 36년 동안 정치적으로 풍찬노숙하다가 1969년에 정권을 다시 잡을 수 있었던 역사적 원인을 단 하나만 꼽으라면 공화당 보수파가 내건 '남부 전략'(이제는 공화당 주류의 정책을 뜻하게 되었다)이라고 주저 없이 말하는데, 이 전략은 인종 평등에 맞서 가능한 모든 수단을 동원해 싸우는 것이 핵심이다. 그중 몇 가지만 설명하면 다음과 같다.

1) 역사적으로 전무후무한 대량 투옥 정책을 시행한다. 닉슨 대통령이 '범죄와의 전쟁'을 선언하면서 1970년대 중반 이후로 미국의 수감률은 무려 7배나 늘어났다. 특히 마약법 위반자는 보통 폭력을 휘두르지도 않으며 흑인이나 백인이나 엇비슷하게 마약법을 어긴다는 연구가 많은데도 유독 흑인만 훨씬 많이 투옥되었다. 대량 투옥이 치안 강화라는 합리적 목표에 기여하지 않음은, 나중에 따로 설명하겠지만 대량 투옥이 폭력을 예방하는 수단으로 불필요하고 비효율적임을 보여주는 증거에서도 확인된다. 하지만 이 정책은 사실 다른 불합리한 목표에 쓸모가 있다. 1954년부터 1965년까지 이루어진 시민권 운동의 부분적 성공이 구타나 인종 격리 같은 종래의 강압적 인종 차별 수법을 불법화하여 인종 불평등이 줄어든 상황에서 '백인 우월주의'를 다시 세우는 수단인 것이다.[21]

2) 참정권을 박탈한다. 투표권이 있다면 대다수가 민주당을 찍을 흑인 수백만 명을 바로 위에서 설명한 대로 강력범으로 낙인찍어서 대체로 일평생 투표를 못하게 한다. 전에는 '인두세'를 물린다거나 '문맹 테스트'를 보게 해서 흑인의 투표를 막고 백인의 우위를 지켰는데, 이제는 법 때문에 그렇게 못하는 대신 이런 식으로 참정권을 박탈한다.

3) 인종 분리책을 재도입하는 데 목적을 둔 소송을 후원한다.

4) 인종 평등을 끌어올리는 효과를 낳는 법 제정에 반대한다.

한편 중산층과 저소득층, 아니 인구의 99퍼센트를 차지하는 못사는 사람들을 분할 정복하는 효과를 낳으면서 공화당에게 도움을 주는 사회적 변수가 또 하나 있다. 폭력 범죄 수준을 높이는 효과가 있는 정책을 추구하는 것이다. 나는 각종 폭력 범죄의 비율을 높이려는 의도가 이런 정책의 배후에 꼭 있다고 말하는 것도 아니고 대체로 있다고 말하는 것도 아니며 그런 의도가 존재한다고 말하는 것도 아니다. 그런 의도가 있고 없고가 여기서 딱히 중요하다고 생각하지도 않는다. 나는 이런 정책의 **효과**에 대해서 말하는 것이며 그것은 공화당이 의식하건 의식하지 않건 공화당에게 유리하게 작용한다.

살인율 증가가 어떻게 인구의 못사는 99퍼센트를 갈라놓아서 잘사는 1퍼센트한테 유리하게 작용할까? 답은 간단하다. 우리 법이 범죄라고 규정하는 폭력의 대다수는 가난한 사람이 저지르므로. 폭력 범죄가 늘어나면 중상류층과 중하류층에 속하는 사람들도 저소득층에게 공포와 분노를 느끼면서 정작 나라 전체의 재산과 소득을 대부분 가로채는 것은 상류층이라는 사실은 알아차리지 못하고 넘어가는 것이다.

우리의 법률 제도가 범죄로 규정하는 폭력의 대부분은 가난한 사람이 저지르지만, 가난한 사람의 대부분은 폭력 범죄뿐 아니라 그 어떤 범죄도 저지르지 않는다. 그리고 폭력의 피해자는 대부분 가난한 사람이다. 그래서 폭력 범죄가 늘어나면 가난한 사람들도 나뉜다. 다시 말해서 폭력을 휘두르지 않고 범죄를 저지르지 않는 다수의 가난한 사람들과 폭력을 휘두르고 범죄를 저지르면서 다수의 가난한 사람들을 직접적으로 위협하는 소수의 가난한 사람들(깡패나 마약 판매상 등)로 나뉜다. 도심 빈민가의 우범 지대에서 살아가는 주민들은 그래서 세법을 비롯하여 각종 법이 못사는 사람들을 희생시키면서 이미 부자인 사람들의 재산을 불려주는 쪽으로 쓰인다는 사실에 주목하지 못하고 넘어간다. 그들은 폭력을 휘두르는 이웃들로부터 스스로를 지켜내기에도 바쁘다.

나는 이런 분석을 통해 음모론을 제시하려는 것이 아니다. 월요일 아침마다 모여서 이번 주에는 폭력 범죄율을 이렇게 끌어올리자고 결정을 내리는 공화당이나 '지배 계급'의 무슨 위원회 같은 것이 있다는 말이 아니다. 나는 그저 세법을 비롯하여 각종 규제가 공화당의 주 지지층인 억만장자들에게 유리하게 작용하도록 쓰일 때 경제 시스템이 저절로 돌아가는 방식을 묘사했을 뿐이다.

내가 여기서 그리는 것은 음모가 아니라 이익의 충돌이다. 충돌하는 이익은 사실 하나가 아니라 둘이다. 바로 경제적 이익과 정치적 이익이다. 누구와 누구의 이익이 충돌할까? 첫째는 미국 인구의 1퍼센트를 차지하는 부자들(과 그들의 이익을 대변하는 정당)의 **경제**

적 이익과 나머지 99퍼센트의 이익이다. 우리는 경제적 불평등이 커지면 살인과 자살이 늘어남을 안다. 그러나 우리는 경제적 불평등이 커지면 아주 잘사는 사람들에게 이익이 됨도 안다. 불평등의 의미가 바로 그런 것이기 때문이다. 재산과 소득에서 부유한 자와 가난한 자의 격차가 커진다는 것은 나라 전체의 재산과 소득 중에서 잘사는 사람이 차지하는 몫이 커지고 못사는 사람이 차지하는 몫이 줄어듦을 뜻한다. 그래서 잘사는 국민 1퍼센트가 더 잘사는 데 따르는 **경제적** 이익은 나머지 국민 99퍼센트가 나라 전체의 재산과 소득에서 더 큰 몫을 차지하는 데 따르는 이익은 물론이요 덜 폭력적인 사회에서 살아가는 데 따르는 이익과도 객관적으로 충돌한다.

앞에서 말한 대로 폭력 범죄의 주된 희생자는 못사는 사람이므로, 폭력 범죄가 늘어난다 하더라도 잘사는 사람은 어차피 경비원이 지키는 공동 거주 구역 안에서 살거나 비싼 돈을 주고 사설 경비업체를 고용하므로 별로 위협을 느끼지 않는다. 오늘날 미국에서 참으로 놀라운 사실은 잘사는 사람이 사설 경호업체에 퍼붓는 돈이 경찰 운영에 드는 돈과 나머지 국민 전체가 방범에 들이는 돈보다 많다는 것이다.

그러나 여기서 충돌하는 이익이 또 하나 있으니 바로 **정치적** 이익이다. 폭력 범죄율이 올라가면 중산층이 저소득층한테 느끼는 거부감과 저소득층이 같은 저소득층한테 느끼는 거부감, 다시 말해서 폭력을 휘두르지 않는 다수가 폭력을 휘두르는 소수를 자신에게 가장 직접적인 위협을 가할 수 있는 존재라고 느끼는 데서 오는 거부감도 커지므로 유권자를 분할 정복하기가 쉬워져서 아주 잘사는 사람에게는 유리하다. 그런 일이 벌어지면 중산층은 (못사는 사람을 폭력적이고 위험한 집단으로 보기에) 못사는 사람의 이익을 지켜주는 정당을 찍으려는 마음이 줄어들고 못사는 사람도 (처벌을 강화하면 폭력 범죄율이 늘어나는 것이 아니라 줄어든다는 잘못된 믿음으로 말미암아) 범죄자에게 덜 엄격한 정당을 찍으려는 마음이 줄어든다. 빈곤도 폭력도 쉽게 식별이 가는 인종 집단과 민족 집단에 집중되므로 공화당은 주류 인종 집단과 주류 민족 집단에 속하면서 소수 집단으로부터 위협을 느끼는 빈민층과 중하류층 유권자들이 품은 두려움을 우려먹을 수 있다.

범죄율과 폭력 발생률이 높아질수록 중산층과 저소득층은 서로를 증오하도록 농락당하며 자기 주머니를 진짜 털어 가는 사람은 자신들 가운데 있는 비교적 소수인 무장 강도가 아니라 더 소수인 아주 잘사는 사람들과 그들을 대변하면서 돈을 저소득층과 중산층의 손에서 최상류층의 손으로 옮기는 공화당 정치인임을 깨닫기 어려워진다. 가난한 사람은 총을 들고 강도질을 하지만 부자는 펜을 들고 강도질을 한다는 옛말이 딱 들어맞는다.

사회·경제적 스트레스와 중압감의 수준을 높여서 자살률과 살인율을 높이는 정책을 옹호하면서 공화당은 자신들이 공언한 번영과 치안이라는 목표를 달성하는 데 실패한다는 바로 그 점 때문에 선거에서 이긴다. 그래서 '실패는 성공의 보증 수표'다.

이 분석에서 나는 고소득층, 중산층, 저소득층에 속하는 다수의 개개인이 자신이 이런 이익의 충돌 속에서 떠맡는 역할을 실제로 의식한다고 가정하지 않는다. 각각의 계급 안에서 일부는 그 점을 의식하며, 또 그런 사람 가운데 일부는 이런 시스템을 의식적으로 옹호하고 일부는 이런 시스템에 의식적으로 저항한다. 그러나 잘사는 사람의 이익이라는 관점에서 보았을 때 이 시스템이 참 고마운 점은 좋은 쪽으로든 나쁜 쪽으로든 이 시스템 때문에 삶이 달라지는 절대 다수의 개개인이 시스템을 이해하지 않아도, 의식적으로 시스템을 옹호하지 않아도 시스템이 잘 굴러간다는 것이다. 사회·경제 체제와 사법 체제가 알아서 움직이니까 개개인은 내가 방금 말한 시스템의 작동과 영속과 재생산을 위해 지금까지 늘 해 오던 대로 하기만 하면 된다. 한 사람 한 사람이 현상 유지만 해도 사회 시스템 전체의 현상 유지가 된다.

공화당과 민주당의 전략가들도 이런 사실을 잘 알고 있으며 정치적 전략을 짜는 데 의식적으로 써먹는다. 가령 1964년 배리 골드워터의 선거 본부장은 미국의 범죄는 공화당에게 공짜로 주어진 억만금의 선물이라고 말했고 아버지 부시 대통령의 선거 전략가였던 리 애트워터(Lee Atwater)도 "범죄는 민주당을 쪼개놓기 위해 민주당에 쑤셔 박아야 할 '쐐기'"라고 말했다.[22] 다시 말해서 분할 정복하겠다는 것이다!

민주당 전략가들도 이것이 아주 잘사는 사람들의 전략일 뿐 아니라 굉장히 강력하고 대체로 성공을 거둔 전략임을 너무나 잘 안다. 바니 프랭크(Barney Frank) 민주당 의원의 고민도 거기에 있다. "중요한 원칙이 있다. 민주당이 범죄에 미온적으로 대처한다고 공화당이 비난하지 못하게 해야 한다. 이건 철칙이다. 우리로선 딜레마다. 당 안에서 이것 때문에 내분이 생긴다."23) 역시 분할 정복이다. 찰스 슈머(Charles Schumer) 상원의원은 공화당의 전략을 이렇게 규정한다. "공화당은 범죄자가 많아지기를 바란다. 공화당은 인종 문제로 분열될 때만 이긴다. …… 낙태나 동성애 같은 인종 아닌 문제로 이기려 들면 번번이 진다. 공화당이 범죄를 물고 늘어지는 건 그래서다. …… 그러면 이긴다. 공화당은 그걸 안다."24)

예민한 사회과학자들은 진작에 그 사실을 알았다. 크리스토퍼 젠크스(Christopher Jencks)는 그것을 이런 식으로 표현한다.25)

투표일에 내리는 비처럼 범죄는 공화당에 유리하다. 범죄가 늘어나는 것처럼 보이면 상당수의 미국인은 어김없이 진보적 관용 정책을 비난하고 보수 성향의 후보로 돌아서는 경향이 있다. 그것은 보수 성향의 후보가 한편으로는 자녀를 키우고 공권력을 확립하고 범죄자를 응징하는 데 더 단호한 입장을 내세우기 때문이고 또 한편으로는 흑인을 비롯하여 범죄를 많이 저지르는 못사는 사람에게 정부가 '거저 주는' 데 반대하기 때문이다. '강경한 대응'은 도움이 안 되며 범죄를 줄이는 길은 더 정의롭고 기회가 더 균등하게 돌아가는 사회를 만드는 것이라는 정통 진보 진영의 답변은 유권자를 거의 움직이지 못했다. 범죄율이 올라가면 진보주의자들은 거의 언제나 수세에 몰린다.

에드거 Z. 프리덴버그(Edgar Z. Friedenberg)는 이렇게 썼다.[20]

(중요한 것은) 범죄가 범죄자들이 아니라 공동체 전반의 특정한 구성원들에게 어떻게 남는 장사인지를 보여주는 것이다. …… 사회 지배 집단에게 범죄는 자신의 삶을 잘 지켜내지 못하는 가난한 사람들이 주로 값을 치러야 하는 현상이며 우리의 자본주의를 효과적으로 만든 가치관을 운용하는 데 따르는 부작용일 뿐이다. 폭력 범죄를 없앤다? 폭력 범죄가 없으면 한 발도 움직이지 못하는 사람들이?

공화당 전략이 참으로 돋보이는 것은 그 전략이 정말로 봉사하는 이익과 그런 이익에 봉사하려고 그 전략이 쓰는 수단을 숨긴 채, 마치 그 전략이 정반대의 이익에 봉사하고 그것이 실제로 추구하는 목표와는 정반대의 목표를 추구하는 것처럼 미사여구를 동원한다는 데 있다. 영국 작가 조지 오웰(George Orwell)이 《1984년》에서 '이중 화법(double speak)'이라는 개념으로 그런 사탕발림을 통렬하게 까발렸지만 아직도 거기에 속아 넘어가는 유권자가 부지기수다. 그래서 공화당의 정치적 수사는 높은 범죄율이 부자에게 이익임을 솔직하게 인정하지 않고 범죄율을 끌어내리고 싶다고 주장한다.

그러나 이 전략의 비범함은 여기서 끝나지 않는다. 범죄율을 실제로 떨어뜨리는 정책에다 '범죄에 미온적'이라는 낙인을 찍어버리면서 또 하나의 이중 화법을 구사하기 때문이다. 그런 식으로 "공화당은 치안 문제를 내세워서 한 세대 동안 민주당이 맥을 못 추게 만들었다."고 시드니 블루멘설(Sidney Blumenthal)은 말한다. "리처드 닉슨의 당선부터 조지 부시의 당선까지 공화당은 범죄를 앞세우는 전략으로 우위를 점했는데 그것은 테러를 앞세운 대외 정책과 일맥상통하는 것이었다."[27] 달리 말하자면, 범죄율이 높지 않으면 공화당은 '범죄와의 전쟁', '범죄에 대한 강력한 대응'처럼 단숨에 표를 몰아주는 중요한 정치적 자산을 잃어버릴 것이다.

공화당이 유권자를 분할 정복하는 데 성공한 것은 바로 공화당이 폭력 범죄를 줄이는 데 실패했기 때문이고 범죄율이 올라가서 공화당이 선거에서 이길 수 있었던 것은 바로 공화당이 번영을 가져오는 데도 빈곤을 줄이는 데도 실패했기 때문이라는 역설을 제대로 짚어내자면, 조지 오웰 같은 사람이 또 한 명 있어야 할 판이다. 간단히 말해서 공화당의 전략은 '실패는 성공의 보증 수표'라는 구호로 요약된다. 국민에게 번영과 안전을 안겨주지 못할수록 공화당은 잘 나간다.

이렇게 해서 우리는 공화당 정부가 실제로 폭력 치사 발생률을 끌어올린다면, 그리고 공화당 대통령한테 표를 던지는 유권자 중에서 공화당 정부가 그런 결과를 가져오기를 조금이라도 바라는 사람이 사실상 아무도 없다면(이것은 너무나 당연하다고 가정하겠다) 왜 사람들은 공화당을 찍는가 하는 물음에 답할 수 있다. 범죄와 부패를 수사할 때 로마의 법률가 키케로는 누가 이득을 보는지를 따졌다. 공화당이 정권만 잡았다 하면 폭력 치사 발생률이 전염병 수준으로 번번이 올라간다면 우리는 마찬가지로 따져야 한다. 누가 이득을 보는가? 언뜻 보기에는 자멸적인 정책이지만, 그 정당에게, 그 정당이 옹호하고 그 정당을 지지하는 세력에게 그런 정책이 어떤 식으로든 이득을 안겨주지 않고서야 그런 정책을 번번이 밀고 나가리라고 상상하기는 어렵기 때문이다. 나는 이 문제는 어떤 복잡한 음모론을 가정하지 않고 공화당의 핵심 지지층(가장 잘사는 국민 1퍼센트)과 나머지 99퍼센트 사이에서 드러나는 간단하고 명백한 이익의 충돌에만 주목해도 답을 얻을 수 있다고 말했다.

우리는 모두 이익의 충돌이 무엇이고 왜 우리가 그것을 견제하는 법을 마련하는지 안다. 이익이 충돌하는 상황에서 한 개인이 언제나 공익을 희생시키고 사익을 선택하리라고 말하는 것은 아니다. 사실 아주 잘사는 사람 중에도 우리처럼 썩 잘살지 못하는 대부분의 사람보다 더 열심히 우리 정치, 경제 체제의 불평등과 싸우는 사람이 있다. 프랭클린 루스벨트 같은 사람이다. 루스벨트는 '계급의 배신자'로 불렸지만 충성을 바칠 값어치가 없는 계급 체제를 배신했다고 보는 것이 더 정확할 것이며 루스벨트가 위대한 것은 바로 그래서다. 요즘은 조지 소로스(George Soros) 같은 사람이 미국과 전 세계에서 정치적, 사회적 민주주의를 끌어올리려고 싸우는 단체들에 거액을 기부한다. 그러나 우리는 모름지기 대부분의 사람은 프랭클린 루스벨트나 조지 소로스 같은 사람이 아니라서 이익이 충돌하는 상황이 닥치면 공익보다는 사익을 선택할 때가 많다는 사실도 안다. 이익의 충돌을 우리가 (어쩌다가라도) 법으로 견제하는 것도 그래서다.

'범죄와의 전쟁'은 범죄율을 끌어올린다

폭력을 막는 데 주된 걸림돌이 되는 것은 폭력을 막을 방법을 모르는 무지가 아니라 폭력을 막는 쪽으로 우리 사회를 바꿔야겠다는 정치적 의지의 결여, 다시 말해서 폭력을 일으키는 정책을 끝내려는 의지의 결여다. 이런 간단한 사실이 대체로 묻힌 것은 폭력을 부추기는 정책이 사실은 폭력을 막고 폭력을 막는 정책이 사실은 폭력을 부추긴다고 사람들을 설득하는 엄청난 정치적 선전 때문이다. 이런 사실을 지적하는 또 하나의 방법은 역설을 지적하는 것이다. 대부분의 유권자와 정치인은 이 세상의 폭력을 줄이고 싶다고 주장하면서도 사실은 폭력의 빈도와 강도를 높이는 효과를 낳는 정책으로 번번이 쏠린다고 말이다. 이런 역설을 우리는 어떻게 이해해야 할까? 왜냐하면 그것을 제대로 이해하고 이런 자멸적 행동에 종지부를 찍지 못하면 우리는 폭력을 예방하기에 필요하고도 충분한 정책을 알더라도 결코 실행에 옮기지 못할 것이기 때문이다.

폭력을 예방하기보다 자극하는 자멸적 행동은 도대체 무엇을 뜻할까? 예는 수십 가지도 들 수 있지만 그러면 너무 복잡해지니 두드러진 예 몇 가지만 들어보겠다.

1) 우리가 아는 약물 중에서 실제로 폭력을 저지하는 약이라고, 그래서 폭력을 예방하는 약이라고 말할 수 있는 것은 대마초와 헤로인 두 가지인데도 이것들은 불법으로 규정되었고 1968년 공화당의 닉슨이 '마약과의 전쟁'을 선포하면서 대통령에 당선된 뒤로 대마초와 헤로인을 복용하면 점점 더 무거운 형을 선고받게 되었다. 대마초와 헤로인이 폭력을 예방한다는 것은 에누리 없는 사실이다. 대마초와 헤로인의 약물 효과에 빠진 사람은 이 약물들에 노출되지 않은 사람보다 덜 폭력적이다.[28] 폭력을 유발한다고 알려진 유일한 약물(알코올)은 합법이고 남용되는 약물 중에서도 가장 중독성이 높고 치명적인 약물(담배)도 합법이다. 그리고 불법 약물 하면 자꾸만 폭력이 연상되는 주된 이유도 대마초와 헤로인 때문이 아니라(코카인 때문도 아니라) 사법 체제 때문이다. 다시 말해서 그 약물들을 불법이라고 선언하는 법 때문이다. 그것은 결국 불법화된 마약 시장에서 더 많은 몫을 차지하려고 미국에서 폭력 다툼을 벌이는 도심의 마약 밀거래상들과 전 세계의 이런저런 마약 카르텔에게

납세자의 돈으로 천문학적인 보조금을 지급하는 결과를 가져온다. 보수 성향의 의원들이 애당초 마약을 범죄로 규정짓지만 않았어도 불법 마약 시장은 생겨나지 않았을 것이다.

다수의 신중한 역학(疫學) 연구가 보여주는 것은 불법 마약과 관련된 폭력은 주로 마약 거래상들과 갱들 사이에서 벌어지는 전쟁에서 비롯되지 마약을 복용한 사람이 저지르는 폭력이 아니라는 사실이다(마약을 복용한 사람은 마약을 구할 길을 막지만 않으면 더 폭력적이 되는 것이 아니라 덜 폭력적이 된다). 그런데도 이렇게 턱없이 비싼 돈을 들여서 폭력을 자극하는 방법이 폭력을 예방한다는 명분으로 실행된다. 이런 약물들을 범죄화하는 것이야말로 세계 도처에서 횡행하는 폭력의 주된 원인 가운데 하나다. 1933년 프랭클린 루스벨트 대통령이 당선되면서 미국에서 금주법을 폐기하자 밀주 거래상들이 사라진 것처럼 이런 약물들이 합법화되면 마약 카르텔들은 하루 아침에 사라질 것이다. 의원들이 그렇게 하기 전까지는 마약의 범죄화는 다음과 같은 조직들에게 지금처럼 중요한 자금줄 노릇을 계속 할 것이다. (a) 미국이 수조 달러로 추정되는 돈을 들여서 싸웠고 수천 명의 군인과 민간인 목숨을 앗아간 탈레반, 알카에다 같은 조직. (b) 엄청난 자금력을 가지고 대부분의 공직자에게 뇌물을 먹이고 멕시코 정부군보다도 더 강력한 무기를 사들여서 나라를 자국민 하나 지켜주지 못하는 한심한 국가로 몰고 가는 멕시코의 마약 카르텔. (c) 워낙 돈이 많아서 정부쯤은 우습게 무너뜨릴 수 있고 자기 나라 전체 국내총생산보다 많은 재산과 소득을 자랑하는 세계 곳곳의 마약 카르텔.

우리가 범죄로 치부하는 마약들은 그 자체로는 폭력 행동을 유발하지 않지만 의학적 문제는 일으킬 수 있다. 그렇기 때문에 이것은 범죄로 다룰 것이 아니라 공중 보건의 문제로 다루는 것이 바람직하다. 마약 중독자가 중독을 극복하는 데는 감옥에 가두는 것보다는 약물 남용 치료를 하는 것이 훨씬 치료 효과가 높을뿐더러 투옥보다 비용도 훨씬 싸게 먹힘을 보여주는 연구가 많다. 그런데도 공화당이 '범죄'와 '마약'을 상대로 벌이는 '전쟁' 덕분에 미국 국민은 계속해서 수십억 달러나 되는 세금을 허비하고, 미국은 사실상 경찰 국가가 되어 어느 나라보다도 높은 수감률(실제 경찰 국가들하고 비교해도 더 높다)을 기록하고, 감옥을 자꾸만 지으면서 비폭력적인 마약 중독자들을 (a) 투옥보다 비용이 적게 들고 (b) 투옥보다 덜 잔인하고 (c) 투옥보다 치료 효과가 높은 수단으로 치료하기보다는 무조건 감방에 집어넣는다(이 비폭력적인 마약 중독자들은 교도소 안에 들어가면 폭력에 시달리거나 폭력을 휘두르게 되는 경우가 너무나 많다).

2) 1970년대와 1980년대에 나는 하버드 의대 법정신의학연구소 소장을 맡은 경력이 있다. 연구소장의 자격으로 교도소 정신병원의 의료국장으로 있으면서 나는 매사추세츠 주 교정 당국이 관장하는 주내의 모든 교도소 정신 건강 서비스를 감독하고 있었다. 나의

주된 책임은 교도소 체제 안에서 자살과 살인 같은 폭력이라는 전염병을 없애는 것이었다. 전문가를 들여서 수감자들에게 정신 치료를 제공하라는 명령을 주 정부에 내린 연방 법원이 그런 폭력의 상당수는 진단과 치료를 받지 못한 극도의 정신적이고 감성적인 스트레스와 중압감과 관련이 있다고 판정했기 때문이었다.

어느 해 나는 동료들과 함께 수감자들이 받을 수 있는 재활 치료 프로그램 중에서 어떤 것이 재범을 예방하는 데 가장 효과적인지를 출소하여 사회로 돌아간 사람들을 대상으로 조사했다. 재범을 예방하는 데 100퍼센트 확실한 효과를 보인 프로그램은 단 하나, 교도소에서 학위를 따는 것이었다. 보스턴 대학 교수들은 25년 동안 자원봉사로 매사추세츠 주에 있는 교도소들에서 대학 과정 수업을 가르쳤다. 25년 동안 모두 200명에서 300명쯤 되는 수감자들이 적어도 학사 학위 이상을 땄는데 이중 단 한 사람도 새로 범죄를 저질러서 교도소로 돌아오지 않았다. 처음에 나는 우리가 실수를 했거나 무언가를 빠뜨렸다고 생각했지만 알고 보니 다른 교도소에서도 같은 결과가 나왔다. 인디애나 주 전체 교도소에서 재범자가 전무했고 캘리포니아 주 폴섬 교도소도 재범률이 0퍼센트였다. 교도소에서 적어도 학사 학위 이상을 받은 사람 중에서는 대체로 그런 결과가 나왔다. 물론 모든 교도소가 그렇게 완벽한 결과를 얻은 것은 아니었고 우리도 기간을 30년으로 늘려 잡았을 때는 재범자가 두 명 나왔다. 하지만 그래봐야 30년 동안 재범률이 1

퍼센트에도 못 미쳤다. 미국의 평균 재범률이 출소 뒤 겨우 3년이 지난 시점에서 65퍼센트라는 것과 비교하면 놀랄 만한 수치다. 마찬가지로 미국 전역의 주 단위 교도소 기록을 보아도 고등 교육이 단순히 효과가 있는 차원을 넘어서 재범률을 줄일 수 있는 가장 효과적이고 독보적인 프로그램인 것으로 드러났다.

물론 교도소에서 공부를 한 사람들은 대부분의 죄수들보다 분명히 의욕이 더 넘쳤고 이미 교육 수준이 더 높았다는 점에서 전형적 죄수라고 보기 어려운 점이 있었다. 하지만 그들이 저지른 죄는 살인, 강간처럼 여느 죄수가 저지른 것과 똑같은 강력 범죄였다. 그리고 일반 교도소의 상상을 초월하는 높은 재범률을 생각했을 때, 우리 사회에서 폭력 범죄의 발생 빈도를 줄이는 데 관심이 있는 정부 관리라면 흥미를 보이고 조금이라도 능력이 되는 모든 재소자가 고등 교육을 받을 기회가 늘어나도록 당장 두 팔을 걷어붙일 것이라고 나는 생각했다.

나는 하나만 알고 둘은 몰랐다. 하버드 대학에서 한 강연에서 내가 이 연구 결과를 보고했더니, 강연을 들은 내 친구 하나가 하버드를 나온 검사 출신으로서 "죄수들에게 육체 노동의 즐거움을 다시 맛보이겠다."는 선거 공약을 내걸고 당선이 된 신임 공화당 주지사에게 내 강연록을 건넸다. 주지사는 그때까지만 해도 교도소에서 고등 교육을 무상으로 제공하는 프로그램이 있다는 것을 몰랐다. 그는 며칠 안 가서 기자 회견을 열더니 이 프로그램을 없애야지 안 그랬다간 대학에 갈 형편이 안 되는 사람들이 교도소에 들어와서 공짜로 대학 교육을 받으려고 범죄를 저지르기 시작할 거라고 했다. 그리고 실제로 프로그램을 박살내는 데 성공했다. 이것은 그저 한 주에서 정치인 한 명이 한 행동이 아니었다. 3년 뒤인 1994년 뉴트 깅리치(Newt Gingrich) 전 하원의원의 지휘 아래 의회 다수석을 차지한 공화당은 미국 전역의 교도소에 수감된 재소자에게 대학 교재와 학비를 대주는 데 필요한 비교적 소액의 연방정부 지원금을 없애버렸다. 그러니까 공화당 정치인들은 범죄와 싸우고 범죄자에게 본때를 보여주겠다는 명목으로 사람들이 범죄와 폭력으로 점철된 생활을 청산할 수 있게 해주는 방법 가운데 우리가 지금까지 알아낸 가장 효과적인 프로그램 하나를 고의적이고 체계적으로 망가뜨렸다. 그리고 이런 비이성적이고 자기 파괴적인 행동을 일컫는 '범죄와의 전쟁'은 '마약과의 전쟁'과 마찬가지로 영어 단어의 평범한 뜻을 완전히 뒤집어엎는 효과를 가져온다. 그 본보기는 조지 오웰이 보여주었다. 오웰의 《1984년》에서도 '전쟁은 평화'고 '노예는 자유'라는 구호가 난무한다.

3) (18세 미만의) 청소년을 성인 교도소에 보내면 청소년 감화원에서 비슷한 또래들과 지낼 때보다 강간을 당하거나 자살을 할 가능성이 높아지고 교도소에서 살아남아서 출소하더라도 재범을, 그것도 강력 범죄를 저지를 확률이 더 높아짐을 보여주는 연구는 한두 가지가 아니다. 그런데도 많은 주 의회에서는 청소년을 성인 교

도소로 이송하도록 규정하는 법을 통과시켰다. 범죄율과 재범률을 최대한 높이려는 데 목적이 있다고 드러내놓고 말하지는 않지만, 통과된 법은 바로 그런 효과를 가져온다.

4) 아이를 심하게 처벌하면 아이는 폭력 성향이 더 높아진다는 것을 보여주는 연구도 일관되게 나온다. 그런데도 미국의 사법부와 입법부는 아동에 대한 체벌을 계속해서 합법화하며 공화당 지지자와 공화당 의원, 공화당이 지배하는 '적색 주' 유권자(6장에서 자세히 다룬다)는 이런 정책을 강력히 지지한다.

5) 1984년부터 1994년까지 14세와 17세 사이의 미국 청소년의 살인율과 살인 희생률이 모두 3배로 껑충 뛰었다. 이렇게 살인율을 급등시킨 주범은 바로 권총이라는 무기였다. 그런데도 미국 의회와 사실상의 모든 주 의회는 집으로 침입한 강도한테 죽는 사람(이런 일은 워낙 드물게 벌어지는 일이라서 합리적이고 개연성 있는 현실이라기보다는 편집증에 가까운 망상이나 환상에 가깝다고 보아도 좋다)보다 집안에 있던 총 때문에 죽는 사람(말다툼을 하다가 가족한테 총을 맞아 죽는 사람이나 총으로 자살하는 사람)이 훨씬 많은데도 개인의 총기 소유와 사용을 법으로 금지하기를 거부한다. 공화당은 권총 규제에 반대하는 핵심 로비 집단인 미국총기협회를 지지하고 미국총기협회는 공화당을 후원한다.

이밖에도 예를 들자면 한도 끝도 없지만 요점은 전달했다고 본다. 공화당이 한다고 말하는 일(폭력 예방)과 공화당이 실제로 하는 일(폭력 유발)은 앞뒤가 안 맞는다.

공화당이 선거에서 보여준 놀라운 성적을 설명하는 요인은 틀림없이 여러 가지가 더 있다. 잘사는 1퍼센트가 대중 매체를 장악해서 사람들에게 무엇을 생각하고 무엇을 믿고 누구를 찍으라고 선전하는 것도 그렇고 (누군가가 말한 대로 언론은 언론을 가진 사람에게만 자유다) 미국에서 선거에 나와 당선되려면 꼭 필요한 선거 자금이 압도적으로 돈 많은 개인과 기업의 주머니에서 나오다 보니 공화당이건 민주당이건 소수 상류층의 경제적 이익과 정치적 이익을 챙겨주어야 한다는 압력을 크게 받는다는 점도 그렇다.

자살은 정치적인 문제다

그러나 수수께끼는 여전히 남는다. 어떻게 자살과 정치의 관계를 대중이 눈치채지 못하고 넘어간 것일까? 불완전하게나마 답변을 하자면 설령 의식적인 것은 아닐지라도 분할 정복 전략이 먹혀든다는 것이다. 즉 자살과 살인을 갈라놓는다는 것이다. 영국의 마거릿 대처(Margaret Thatcher)가 그랬다시피 사회라는 것이 존재한다는 사실을 극구 부정하는 것이 보수 정당에게는 유리하다. 사회는 정치가 효력을 발휘하는 영역이기 때문이다. 그래서 실업, 불황, 빈곤이 심화된다든가 경제가 어려워지면서 자살률과 살인율이 올라간다든가 하는 식으로 사회 전반에서 벌어지는 일에 정당으로서 책임을 지고 싶지 않으면 이런 일들을 정당이 책임질 수 있는 영역 바깥에서 벌어지는 재앙으로 따로 떼어낼 필요가 있다. 그렇게 해야 경제 시스템은 우리가 게임의 규칙과 법을 어떻게 만드느냐에 따라서 내용이 얼마든지 달라질 수 있는 게임이 아니라 마치 중력의 법칙을 바꿀 수 없듯이 자연의 법칙에 따라서 굴러가는 것이라고 주장할 수 있다. 그리고 자신들의 정책과 시책으로 사회에서 일어나고 벌어지는 일과 자살률은 아무런 상관이 없다며 버티는 것이 (적어도 미국, 영국, 오스트레일리아에서 기록된 바로는) 자살률을 끌어올리기만 하는 보수 정당에게는 정치적으로 유리하다. 그러자면 자살은 정당의 정책이나 사회 조류 때문에 벌어지는 것이 아니라 어디까지나 개인의 정신 질환이나 절망감 때문에 벌어지는 지극히 사사롭고 개인적인 행위라고 우겨야 한다. 미국의 보수 정당인 공화당은 이런 목표를 기가 막히게 잘 이루어냈다.

내가 더 놀랍게 생각하는 것은 사회과학과 정신보건의학이 무심결에 여기에 맞장구를 칠 때가 참으로 많다는 사실이다. 자살을 폭력 행위로 보는 것은 자명해 보인다. 공중보건과 예방정신의학의 관점에서 보았을 때 이렇게 너무 이르고 불필요하고 때로 막으려면 막을 수도 있을 죽음의 방식을 전염병 수준으로 키우는 사회적·환경적 원인이나 위험 요인을 짚어내는 것은 엄청나게 중요하다.

하지만 이런 시각으로 문제에 접근하는 순간 우리는 자살률에 사회·정치·경제적 압력이 끼치는 영향을 외면해야만 유리해지는 사람들을 위협하게 된다. 자살을 개개인의 정신 질환으로 보고 살인을 마찬가지로 개개인의 윤리적 결함으로 보는 것은 이 두 가지가 부분적으로는 사회·경제·정치적 압력으로 말미암아 벌어지는 정도가 얼마나 높은지를 도외시하는 태도다. 유전이라든지 인생 경험이라든지 개인의 성격 구조 같은 허다한 개인적 변수가 개인이 자살이나 살인을 저지르는 경향을 높이거나 줄일 수 있는 것은 사실이지만, 이런 폭력 치사가 **전염병** 수준으로 일어나는 것은 정치와 경제를 포함한 사회 환경에서 생겨난 변화 탓이다. 유전자가 갑자기 달라졌거나 성격이 갑자기 바뀌어서 공화당 대통령이 나오기만 하면 수만 명의 사람이 갑자기 더 자살을 하고 살인을 저지르기로 마음먹지는 않는다는 것이다.

4장

수치심이
사람을
죽인다

폭력 뒤에는 수치심이 숨어 있다

그렇지만 여기에 결부된 개인의 심리를 파악하지 못하면 아무것도 이해할 수가 없다. 희생자가 자신이든 타인이든 결국 폭력을 휘두르는 주역은 개인이므로, 무엇이 개인을 폭력으로 이끄는가를 이해하지 않고서는 폭력 치사라는 전염병을 이해하지도 설명하지도 못한다. 성경에 나오는 카인과 아벨의 이야기를 읽건,《일리아스》를 읽건, 셰익스피어의 희곡을 읽건, 일간지를 읽건, 살인을 저지른 사람과 이야기를 하건, 자살 충동을 느끼는 사람의 이야기를 듣건 폭력 문제가 나오면 모든 길은 수치심으로 통한다. 예전에 쓴 글에서[1] 나는 결핵균이 결핵 발병의 필요 조건이지만 충분 조건은 아니듯이 폭력 행위를 낳는 으뜸 가는 원인을 수치심으로 지목하면서 수치심은 폭력 행위를 낳는 데 충분하지는 않아도 꼭 필요한 병원체라고 말했다. 수치심은 이런저런 이유로 누구나 느끼지만 (결핵을 '일으키는' 미생물에 노출되어도 대부분의 사람은 결핵에 걸리지 않는 것과 마찬가지로) 대부분의 사람은 심각한 폭력 행위를 저지르지 않는다. 따라서 기질, 문화, 사회 계급, 나이, 성별 등 폭력 행위를 결정하는 그밖의 다른 요인들이 많은 것은 분명하다. 그러나 폭력이 발생할 때는 수치심과 굴욕스런 경험, 또는 이런 경험을 할지도 모른다는 두려움이 반드시 작용한다.

수치심의 심장부에는 역설이 있다. 우리는 보통 수치심을 감정으로, 그것도 굉장히 고통스러운 감정으로 여기지만 수치심은 실은 자기애(라고 해도 좋고 자부심, 자존심, 자존감 또는 자기가 쓸모 있다는 느낌이라고 해도 좋은데)라는 감정이 존재하지 않는 상태다. 수치심의 위력을 간과하는 것은 가장 고통스럽고 수치스러운 경험이 객관적으로는 그야말로 사소하기 이를 데 없는 이유에서 비롯된다는 사정이 있어서다. 위대한 심리학자는 소설가일 때가 많은데, 윌리엄 포크너(William Faulkner)는 남북전쟁이 터지기 전의 남부를 배경으로 한 비극적 소설 《압살롬 압살롬》에서 주인공이 무일푼이던 청년 시절 돈 많은 백인 대농장주 밑에서 집사로 일하던 흑인 노예로부터 저택의 정문 말고 뒷문으로 들어오라는 위압적이고 거만한 지시를 받고 느낀 수치심을 치유하느라고 발버둥치던 끝에 결국 어떻게 자신의 삶을 망가뜨리는지를 그린다.

수치심이 흔히 간과되는 이유는 부끄러움을 느끼는 사람이 자신이 부끄러움을 느낀다는 사실과 얼마나 부끄러움이 큰지 드러내기를 부끄러워할 때가 많아서 그렇다. 부끄러움을 느낀다는 사실 자체가 수치스러운 것이다. 얼마나 약하고 무능하고 모자라고 열등하면 수치심을 느끼겠는가 하는 심리가 깔려 있기 때문이다. 수치심을 일으키는 사건이 객관적으로 '사소한' 것일수록 수치심이 더욱 커지는 것도 그래서 그렇다. 그래서 수치심을 더 많이 느끼는 사람일수록 폭력이라는 허세의 가면 뒤로 수치심을 숨기려 든다.

수치심이 폭력을 낳는 가장 중요한 요인이라는 사실은 꼭 나처럼 남을 죽였거나 자기를 죽이려는 사람들을 만나는 특별한 경험을 해야만 알아차릴 수 있는 것이 아니다. 가령 얼마 전에 미국에서는 한 남자 대학생이 같은 반 남학생과 성행위를 하는 장면을 다른 학생들이 몰래 찍어서 그 동영상을 누구나 볼 수 있는 인터넷에 올린 뒤, 동영상에 찍힌 학생이 뉴욕 허드슨 강의 조지 워싱턴 다리에서 뛰어내린 비극적인 사연이 대서특필되었다.

살인을 저지르고 감옥에 온 사람들에게 왜 다른 사람을 해치고 심지어 죽이기까지 했느냐고 물었을 때 내가 들은 대답은 놀랄 만큼 비슷했다. "병신 취급당했다"는 것이었다. "병신 취급당했다"는 말이 얼마나 자주 쓰였는지 줄여서 말하는 은어가 생길 정도였다. 어떤 단어를 줄여서 말할 정도로 자주 썼다는 것은 그 단어가 그만큼 사람들의 도덕과 감정에서 핵심적 어휘였다는 소리다. 하지만 이것은 꼭 감옥에 가서 살인범들과 이야기를 해봐야 알 수 있는 사실이 아니다. 창세기에는 무시와 폭력의 관계를 더없이 명쾌하게 드러내는 일화가 나오는데 바로 서양사에서 처음 기록된 살인 사건,

카인이 동생 아벨을 죽이는 이야기다. 성서는 왜 카인이 아벨을 죽였는지를 아주 명쾌하게 말한다. "야훼께서는 아벨과 그가 바친 예물은 반기시고 카인과 그가 바친 예물은 반기지 않으셨"기 때문이었다. 한마디로 카인은 '무시'당했고 카인이 '무시'당한 이유는 아벨 때문이었으며 내가 만난 살인범들과 똑같은 방식으로 카인도 무시당한 것에 분풀이를 했다.

사람들은 수치심 때문에 참을 수 없이 고통스러울 때 자기 안에 있는 수치심을 남한테 떠넘겨서 수치심에서 벗어나려고 (혹은 참을 수 없이 고통스러운 수치심을 아예 처음부터 피하려고) 살인을 저지르거나 남에게 폭력을 휘두른다. 사람들이 남을 해치는 이유는, 더 약하고 수치심을 느껴야 하는 것은 내가 아니라 남임을 증명하려는 마음에서다. 사람들이 쓰는 말만 보더라도 그 점을 알 수 있다. 영어로 폭력 행위를 묘사할 때 사람들이 즐겨 쓰는 단어가 둘 있는데 그것은 'assault(폭행)'와 'injury(부상)'다. 그런데 'assault'는 'insult(모욕)'와 같은 라틴어 뿌리에서 왔다. 영어에서 'insult'는 의료 분야에서 물리적 폭행이나 부상이라는 뜻으로 쓰이기도 한다. 그리고 'injury'는 '모욕'을 뜻하는 라틴어 'iniuria'(여기에는 '불의'라는 뜻과 '부상'이라는 뜻도 있는데, 이 단어는 강간을 일컬을 때도 쓴다)에서 왔다. 얻어맞은 것도 서러운 사람한테 굳이 비웃음까지 던질 필요는 없다. 말 속에, 느낌에, 행동 자체에 이미 모욕이 깔려 있다. 누군가를 폭행하거나 부상을 입힌다는 것은 곧 그 사람을 모욕한다는 소리고, 달리 말하자면 그 사람에게 수치심을 안겨준다는 소리다.

그렇다면 여러모로 살인과는 반대편에 놓인 자살은 어떨까? 사람들은 참을 수 없이 고통스러운 수치심에서 벗어나는 유일한 탈출 수단으로 자살을 선택하기도 한다. 물론 본인에게 그럴 힘만 있다면 살인을 더 선호할 가능성이 높지만 말이다. 싸움에서 진 일본 사무라이가 할복이라는 자살 의식을 거행하는 것도 자신의 용기를 증명하고 수치스러운 방식으로 처형당하는 것을 피하기 위해서지만, 만약 싸움에서 지지 않고 무장 해제도 당하지 않았더라면 그가 일차적으로 선호하는 것은 계속해서 적을 죽이는 일이었을 것이다. 안토니우스와 클레오파트라가 자살한 것도 크게 다를 바 없는데 (클레오파트라가 유서에서 분명히 밝혔듯이) 두 사람은 사슬에 묶인 채 로마로 끌려가서 옥타비아누스가 여봐란듯이 자신들에게 거둔 승리를 과시하게 하는 수모를 당하고 싶지 않아서 죽음을 선택했다. 오늘날 감옥에서 자살하는 폭력범 중에도 비슷한 동기로 목숨을 끊는 사람이 많을지 모르지만, 사회에서 사람을 자살로 이끌거나 자살 충동을 느끼게 만드는 동기는 내 경험으로는 그리 단순하지가 않다.

자살의 전모를 제대로 이해하려면 죄의식이라는 또 다른 감정도 고려해야 한다. 죄의식은 자신을 꾸짖는 감정이다. 죄의식을 낳는 원인은 수치심을 낳는 원인과는 정반대에 가깝고 죄의식이 불러

일으키는 행동 역시 수치심에서 나오는 행동과는 정반대에 가깝다. 따라서 어떤 면에서 죄의식은 수치심의 반대편에 있지만 그렇다 해도 죄의식과 수치심은 떼려야 뗄 수 없이 얽혀 있다는 사실, 이것이 죄의식과 수치심의 역설이다. 수치심은 다른 사람들에 대한 적극적이고 공격적인 행동을 유발하며 이런 행동은 어떤 예외적인 상황에서는 살인으로 치달을 수도 있다. 죄의식의 심리적 기능은 수치심이 자극하는 타인에 대한 공격성을 저지하는 것(곧 막는 것)이다. 그런데 수치심이 자극하는 타인에 대한 적대적이고 폭력적인 충동은 때로 자기 자신에게라도 터뜨려야 겨우 타인에게 화살이 향하는 것을 막을 수 있을 정도로 강력하다. 그래서 자신의 수치심을 남들에게 폭력을 휘둘러서 말끔히 없앨 수 있다고 믿느냐, 아니면 자기 목숨을 끊어야만 이런 참을 수 없이 고통스러운 감정에 종지부를 찍을 수 있다고 믿느냐에 따라서 수치심은 자살을 낳기도 하고 살인을 낳기도 한다.

그렇지만 남을 해치고 싶다는 충동이나 소망에 죄의식과 가책을 느낄 만큼 양심이 내면화된 사람에게는 자살 욕구가 수치심과 죄의식 둘 모두와 결부되었을 가능성이 높다. 죄의식의 주성분은 자기 자신에게 겨누는 분노와 공격성이다. 그러나 죄의식의 본질을 이루는 공격성은 실은 수치심의 체험에서 자극받은 것이다. 타인의 고통에 무감각하고 양심의 가책을 느끼지 못하는 사이코패스가 아니라면 대부분의 사람은 죄의식과 가책을 느낄 줄 알고 남을 해치지 못하도록 내면화된 양심을 길러놓았다. 파산했다든가 직장에서 해고당했다든가 애인한테 버림받았다든가 배우자한테 배신당했다든가 집을 차압당했다든가 하는 몹시 수치스러운 일을 겪으면 대부분의 사람들은 수치를 경험하는 사람이 늘 그렇듯이 당연히 화가 머리끝까지 치솟겠지만, 그래도 양심이 있고 죄의식이 있으므로 분노를 내면화하여 스스로를 겨누며 때로는 그것이 자살로 이어진다.

실업, 파산, 주택 차압 같은 사회·경제적 스트레스에 살인으로 반응하는 사람과 자살로 반응하는 사람은 각각 성격과 동기가 판이하게 다를 텐데도 똑같은 사회·경제적 스트레스가 살인율과 자살률을 모두 끌어올리는 것은 바로 그런 이유에서다. 그리고 신문을 보면 잘 알겠지만 남을 죽이고 나서 자기 목숨도 끊는 사람이 적지 않다.

그렇지만 자살과 살인은 사회·경제적 스트레스를 받았을 때 나오는 반응 중에서 가장 극단적이고 가장 보기 드문 반응임을 인정할 필요가 있다. 자살과 살인을 저지르는 사람은 극소수일 뿐이며 이런 스트레스를 받고 괴로움을 겪으면서도 타인이나 자신을 죽이는 것으로 반응하지 않는 사람이 이 세상에는 훨씬 더 많다. 그런데도 자살률과 살인율이 그래프 위에서 마치 뾰족하게 솟아오른 산봉우리처럼 엄청나게 치솟는다는 것은 백악관을 어느 정당이 차지했느냐에 따라서, 또 집권 정당의 변화로 생긴 사회·경제적 결과로 말미암아서 영향을 받는 사람의 숫자가 얼마나 많은지 말해준다.

정신역학으로 보았을 때, 수치심은 '자기 앞가림'을 할 줄 아는 능동적이고 자립적이고 주체적이고 독립적인 성인과는 정반대로 남에게 사랑과 보살핌을 받고 싶어 하는 수동적이고 의존적이고 유치하고 (남자들 눈에는) 사실상 '여자 같은' 것으로 보일 수 있는 부끄러운 소망을 억누르는 동기로 작용한다. 수치를 느낄 줄 아는 능력은 만일 그것이 포부와 성장과 발전과 성취를, 실력과 지식의 습득을, 그리고 자립의 또 다른 필수 조건인 자존감과 남들로부터 존경을 얻는 힘을 키워주는 동기로 작용한다면 사람이 성숙하는 데 도움이 된다. 그러나 문제는 하나부터 열까지 의존적으로만 살아가는 사람도, 하나부터 열까지 독립적으로만 살아가는 사람도 이 세상에는 없다는 것이다. 우리 모두는 늘 상호 의존적이다. 남들로부터 도움과 지원을 받아야 하는 자신의 상황을 사람이라면 누구나 맞닥뜨리게 마련인 인간 조건(나는 환자에게 가끔 "얻을 수 있는 도움은 최대한 얻는 것이 좋다."고 말한다)으로 보는 것이 아니라 내가 못나고 약한 증거라고 잘못 규정하는 사람은 지원을 받아야 하는 자신의 처지를, 사기와 조작으로 부당하게 많은 복지 수당을 받으면서 놀고 먹는다는 이른바 '복지 여왕'에게 투사하여 모욕하고 부정하고 질책한다. 수치심은 그런 식으로 우파적인 정치·경제적 태도와 가치관을 자극할 수 있다. 수치심에 휘둘리는 사람에게 '복지'에 기대는 '의존성'은 동정의 여지가 없으며 부끄러워해야 하고 꾸짖어야 하고 내몰아야 하고 질타해야 하는 아주 몹쓸 짓이다.

그러나 수치심의 더 파괴적인 부작용은 사람이 '수동적이고 의존적이고' 싶은 자기 마음(남들에게 사랑과 보살핌을 받고 싶은 마음)을 지우기에 급급한 나머지 정반대의 극단으로 나가서 남들에게 적극적이고 공격적으로 굴며 폭력까지 불사할 때 나타난다. 가령 오바마 대통령이 발의한 의료개혁안을 공화당의 만장일치에 가까운 반대를 뚫고 민주당이 통과시켰을 때 아픈 사람을 제대로 보살펴주려는 시도를 지지한 사람들을 죽이겠다는 협박이 미국 곳곳에서 튀어나왔다. 수치의 심리가 얼마나 중증이고 심각한지를 알 수 있다.

수치심의 윤리와 죄의식의 윤리

수치심과 죄의식은 도덕의 감정이고 따라서 정치의 감정이기도 하다. 좀 더 정확히 말해서 이 둘은 이 세상에 존재하는 두 가지 상반된 도덕적이고 정치적인 가치 체계의 감정인데, 이것을 정치적 용어로 표현하면 '우파' 이념과 '좌파' 이념이 된다. 도덕적 분쟁을, 즉 정치적 분쟁을 이해하려면 도덕은 하나만 있는 것이 아니라 둘이 있고 정치도 하나만 있는 것이 아니라 둘이 있음을 꼭 알아야 한다. 도덕은 마치 단 하나의 도덕 체계만이 있을 뿐이고 사람은 그것을 지켜야지 안 그러면 비도덕적인 것처럼 몰아가지만 사실은 도덕 담론과 정치 담론이 처음 생겨날 무렵부터 도덕철학자들은 두 가지 상반된 도덕이 있음을 잘 알았다. 적어도 서구에서는 고대 그리스와 구약의 이스라엘 시절부터 그랬다.

수치심의 윤리는 수치와 굴욕이, 다시 말해서 불명예와 치욕이 가장 큰 악덕이고 수치의 반대, 곧 자부심과 명예(존경)가 가장 큰 미덕으로 통하는 도덕 체계다. 죄의식의 윤리는 죄가 가장 큰 악덕이고 죄의 반대, 곧 순결이 가장 큰 미덕으로 통하는 도덕 체계다. 두 가치 체계는 상극이다. 가령 기독교라는 죄의식의 윤리에서는 죽음에 이르는 일곱 가지 죄악 중에서 가장 몹쓸 죄악이 바로 수치심의 윤리에서 가장 큰 미덕으로 통하는 자부심('교만')이다. 따라서 죄의식의 윤리는 아무도 남들에게 우월감을 못 느끼도록 (그래서 아무도 열등한 존재로 여겨지는 데서 오는 수치와 굴욕을 맛보지 않도록) 평등주의를 옹호하고, 반면 수치심의 윤리는 우월한 사람이 있으며 그런 사람은 자부심과 명예(존경받음)을 만끽하고 열등한 사람은 열등감과 수치심을 느끼는 위계화된 사회 체제를 미화한다. 죄의식에 젖은 사람은 우리는 모두 죄인이라고 생각하며 우리가 남들에게 끼친 위해에 대해 남들로부터 용서를 받아야 한다고 생각하므로 남들이 우리에게 끼친 위해에 대해 남들을 용서하지 않는 것은 있을 수 없는 위선이라고 생각한다. 유대교의 죄의식 윤리에서는 '속죄의 날'에 유대인들은 앞으로 불려나가서 자기들이 전에 괴롭혔거나 죄를 지은 사람들한테 용서를 구해야 하며 세 번 용서를 구했는데도 용서하지 않는 사람은 용서를 거부한 죄인이 된다. 반대로 수치심에 사로잡힌 사람은 나에게 해를 끼친 사람한테 내 손으로 복수하지 못하는 사람을 '명예'롭지 못한 자로 보고 복수는 허용되어야 마땅할 뿐 아니라 꼭 필요한 것이라고 본다.

자부심의 반대는 겸손이고 겸손은 순결의 필수 조건이므로 죄의 식의 윤리에서는 겸손을 가장 높은 미덕의 하나로 꼽는다. 반면에 수치심의 윤리에서는 겸양은 자기 모욕에 맞먹기에 가장 몹쓸 악덕 으로 본다. 이런 가치관의 차이로 생겨나는 한 가지 결과는 죄의식 의 윤리로 살아가는 사람은 자부심을 누르고 겸손을 품는 길의 하 나로 사회적 신분이 낮은 사람들에게 동질감을 느끼려 하고, 반대 로 수치심의 윤리로 살아가는 사람은 자부심을 끌어올리고 자신 의 수치심과 열등감을 누그러뜨리는 길의 하나로 사회·경제적으로 우월한 신분에 있는 사람에게 동질감을 느끼려 한다는 것이다. 이 것을 좀 더 쉬운 말로 표현하면 죄의식의 윤리로 살아가는 사람은 약자에게 동질감을 느끼는 성향이 강하고 수치심의 윤리에 젖은 사 람은 강자('초인'을 앞세우면서 예수의 '노예 윤리'에 맞서 '주인 윤리'를 역설한 니체도 수치심의 윤리를 부르짖으면서 후기 저작에서 자신은 '적그 리스도'라고 밝혔다)에게 동질감을 느끼는 성향이 강하다.

이렇게 판이한 태도의 정치적 실례는 프랭클린 루스벨트와 로널 드 레이건 대통령이 내세운 대조적 기치에서 볼 수 있다. 루스벨트 는 말했다. "진보의 성패는 많이 가진 사람의 풍요에 우리가 더 얹 어주는가의 여부가 아니라 너무 적게 가진 사람에게 우리가 충분히 베풀어주는가 여부에 달렸다."[2] 반면에 레이건은 (공화당을 가리켜)

이렇게 말했다. "우리는 사람들이 계속해서 더 부자가 될 수 있는 미국을 보고 싶어 하는 당이다."[3] 루스벨트는 가진 것이 너무 적은 약자와 자신을 동일시했고 불평등을 줄이려고 했으며 실제로 경제 정책과 정치 활동은 통해 그런 목표를 이루었다. 레이건은 의식도 더 부자가 될 수 있는 강자(상대적으로 더 가난한 사람들이라는 비교 대상이 없으면 무의미한 개념)를 챙겼고 불평등을 늘리는 쪽을 옹호했다고 볼 수 있다.(부자 감세, 빈민에 대한 복지 혜택 축소, 기업 규제 축소, 노조 억제 같은 경제 정책과 정치 활동을 통해서 바로 그런 목표를 이루었다.)

수치심의 윤리와 죄의식의 윤리가 어떻게 다른지를 보여주는 또 하나의 예는 죄의식의 윤리에서는 겁쟁이라고, 못난이라고, '범죄 앞에서 물러터졌다'고 손가락질을 당하는 한이 있더라도 "살인하지 말지어다"라는 도덕률이 중심 계율로 자리 잡았다는 것이다. 수치심의 윤리에서는 "죽일지어다"가 중심 계율이며 이것은 죽여도 좋다는 뜻일 뿐 아니라 명예가 위태로울 때(수치심에 휘둘리는 인격을 지닌 사람의 눈에는 대부분 명예가 걸린 문제로 보인다) 죽여야 할 의무가 있다는 뜻이기도 하다. 가령 수치심의 윤리는 극형, 전쟁, 폭력적 자기 방어, 보복, 반목, 결투, 린치, 고문, '명예 살인' 같은 폭력들을 옹호하고 도덕적 이유에서 이 모든 것을 두둔한다. 달리 말하면 수치심의 윤리와 죄의식의 윤리는 똑같은 가치 체계지만 가치의 부호가 달라서 이쪽에서는 플러스인 것이 저쪽에서는 마이너스로 평가된다.

　서양사에서 윤리적 성찰이 막 시작되던 무렵까지 거슬러 올라가서 도덕이 하나가 아니라 둘이며 이 둘이 상극임을 알아차린 사상가로 플라톤, 아리스토텔레스, 성 아우구스티누스를 꼽을 수 있고 좀 더 최근으로 내려와서는 니체, 소스타인 베블런(Thorstein Veblen), 장 피아제(Jean Piaget)를 꼽을 수 있다. 이원론 도덕 체계 중에서도 가장 유명한 것은 아마 니체가 구분한 '주인 윤리'와 '노예 윤리'일 것이다.[4] 니체의 두 윤리는 내가 여기서 구분하는 수치심의 윤리와 죄의식의 윤리와 아주 비슷하다. '주인 윤리'는 (과거 미국 남부의) 노예 소유 같은 '주인' 노릇과 (전쟁, 복수, 사디즘 같은) 폭력 전반을 정당화한다. 니체는 '노예 윤리'를 예수가 산상수훈에서 선언한 기독교 윤리와 동일시한다. 이런 윤리는 자기 방어를 위해서도 폭력을 쓰지 못하게 하고 이쪽 뺨을 맞으면 "저쪽 뺨을 내밀고" "악에 맞서지 말고" 나를 해친 사람을 용서하고 원수를 사랑하라고 가르치므로 사람을 노예로 만들고 노예 상태에서 벗어나지 못하게 만든다고 니체는 말한다.

　수치심을 연구한 심리학자 중 20세기의 가장 위대한 학자 반열에 들어가는 실반 톰킨스(Silvan Tomkins)는 수치심은 우파 정치의 가치관과 이념을 움직이고 지배하는 핵심 정서이며 죄의식은 좌파 정치를 움직이는 핵심 정서라고 갈파했다.[5] 현대 미국 정치 풍토에서 사회·경제적 평등과 공공 의료 확대에 역점을 두는 좌파의 정책은 우파 정치 곧 공화당을 지지하는 많은 사람들에게 공산주의나 전체주의까지는 아니더라도 '사회주의'로 받아들여지고, 우파의 사회 정책은 좌파인 민주당을 지지하는 사람들에게 비정하고 잔인한 시책으로, 실지어 파시즘으로까지 받아들여진다. 미국의 우파가 좌파를 '눈물샘' 진보라고 부르면서 비아냥거리는 것도 그리 놀랄 일은 아니다. 미국 우파의 눈에 미국 좌파의 도덕률은 니체가 말한 노예 윤리나 내가 말하는 죄의식의 윤리로 보인다.

플라톤과 아리스토텔레스는 시민의 통치라는 원칙에 입각한 평등주의적 정치 체제인 데모크라시(democracy) 곧 민주주의와, 명예로운 사람이 지배하는 체제라는 뜻을 지닌 티모크라시(timocracy, 명예라는 뜻의 '티메time'와 지배라는 뜻의 '크라티아kratia'의 합성어)를 구분한다. 플라톤에게 티모크라시가 실제로 뜻한 것은 명예와 군사적 영광이라는 원칙으로 지배되는 나라였다. (지난 역사를 보면 세계 여러 문화에서 귀족이 무인 계급을 이루는 경우가 많았다는 점에서 이 두 원칙은 역사적으로 사실상 동의어거나 서로 분간하기 어려울 때가 많았다.) 아리스토텔레스에게 이 말은 시민의 명예 곧 정치 권력이 그가 가진 부동산 소유권 곧 재산에 비례하는 나라를 뜻했다. 다시 말해서 부자가 통치하는 나라였고 요즘 식으로 말하자면 '플루토크라시(plutocracy)', 곧 금권 정치에 해당한다. 보수적인 공화당 대법관이 다수를 차지한 미국 연방 대법원이 선호하는 정치 체제를 묘사하는 데 금권 정치라는 말이 꼭 어울린다는 것은 연방 대법원이 부유한 개인이나 기업이 선거 자금으로 내놓을 수 있는 기부금에 상한선을 정하기를 거부했다는 데서도 알 수 있다.

명예는 수치가 지배하는 정치 문화와 수치심의 윤리에서는 가장 훌륭한 가치며 때로 권력과 부의 이웃사촌이고 어느 정도는 동의어이기도 하다. 오늘날 미국에서 조세 정책과 그밖의 사회·경제적 주제를 놓고 벌어지는 논의는 이런 특성을 반영한다. 이것은 서구 문명에서 정치 사상과 정치 행위가 처음 싹트던 무렵에만 해당되는 것이 아니라 투표권이 원래 부동산, 곧 자본을 소유한 사람(자본가)에게만 주어지던 미국 민주주의의 초창기에도 해당하는 이야기다.

평등한 사회에는 폭력이 없다

인류학자들은 수치 문화와 죄의식 문화를 구분했지만 최근에 와서 앞의 것은 명예 문화나 명예·수치 문화로 불릴 때가 많아졌다. 그렇지만 수치 문화라고 해서 모두 같지는 않다. 어떤 수치 문화에서는 사람이 수치심을 느꼈을 때 유발될 수 있는 심각한 파괴와 폭력을 막으려고 허리를 숙여 인사한다든지 하는 예의범절을 정교하게 제도화해서 혹시라도 남이 모욕을 느끼는 일이 없도록 애쓴다(일본이 그런 경우인데, 일본은 2차 세계대전이 끝난 뒤로 경제 불평등률과 살인율이 모두 세계에서 가장 낮은 나라다). 좀 더 폭력 성향이 강한 수치 문화에서는 공동체 성원의 일부에게 수치심을 안겨주는 방법으로 사회 위계 질서의 상층부를 차지한 사람들이 자부심과 우월감을 느낀다. 다음 장에서 자세히 살펴보겠지만 이런 문화는 폭력 성향이 아주 강하다.

수치 문화로 여겨지는 문화는 세계 곳곳에 있지만 죄의식 문화는 굉장히 드문 것으로 보인다. 물론 미국은 죄의식 문화가 아니다(세계의 많은 문화와 마찬가지로 수치 문화와 죄의식 문화가 혼합된 문화라고 볼 수는 있을 것이다). 극단적 죄의식 문화를 그런 대로 투명하게 드러내는 가장 분명한 사례는 내가 알기로는 아주 종교적이고 평화적이며 신약 성서에 적힌 대로 살아야 한다고 믿는 재세례파의 한 종파인 후터라이트다. 후터라이트는 "진정한 기독교인의 길을 걷는 …… 유일한 사람들임을 자처하면서 재산도 공동체가 공유하고 생산도 같이 하고 물자도 나눠서 쓴다."고 버트 캐플런(Bert Kaplan)과 토머스 플라우트(Thomas Plaut)는 말한다.[6] 다시 말해서 그들은 사도행전(2장 44~45절)에 나온 대로 초기 기독교 공동체의 본보기를 그대로 따른다. "믿는 사람은 모두 함께 지내며 그들의 모든 것을 공동 소유로 내놓고 재산과 물건을 팔아서 모든 사람에게 필요한 만큼 나누어주었다." 요컨대 그들은 "능력껏 일하고 필요껏 가진다"는 원칙에 따라서 살아간다. 그래서 후터라이트는 "계급, 소득, 생활 수준의 차이가 사실상 없다. …… 이 사회는 우리가 아는 한 무계급 사회에 가장 가깝다."[7] 이 사회는 "원시(미개하다든

가 낙후되었다는 뜻에서가 아니라 가장 먼저 나왔다는 뜻에서) 기독교 공동체"라고 불려 왔다.[8]

후터라이트는 1874년경 종교 탄압을 피해 동유럽에서 건너온 뒤로 한 세기가 넘도록 남부 캐나다와 북서부 미국의 공동체 농장에서 살았다. 그들은 철저한 평화주의자였기에 절멸을 피하자면 그 수 말고는 없었다. 그래서 후터라이트에게는 집단 폭력(전쟁)을 휘두른 역사가 없다. 북아메리카에 도착한 뒤로 처음 80년 동안 후터라이트의 행동사와 인구 동태 통계가 잘 적힌 기록을 꼼꼼히 분석한 의학자와 사회과학자는 "살인이나 폭력, 강간 사례를 단 한 건도 찾을 수 없었다. 그밖의 신체적 공격 행위도 지극히 드물었다."고 보고했다.[9] 그로부터 28년 뒤인 1983년에 존 호스터틀러(John Hostetler)는 후터라이트가 북아메리카로 이민을 온 뒤로 109년 동안 후터라이트 역사에서는 단 한 건의 살인도 일어나지 않았고 (4만 명에서 5만 명 사이인 전체 인구 중에서) 자살은 딱 한 번 일어났다고 보고했다.[10] 만일 후터라이트의 폭력 치사 발생률이 미국 전체 수준(1983년 현재 10만 명당 20명)과 맞먹는다면 1983년 한 해에만 8명에서 10명이 죽었을 것이고 그 뒤로 20년 동안에는 타살자는 67~85명, 자살자는 93~115명으로 모두 160명에서 200명이 죽어나갔을 테지만, 같은 기간 동안 후터라이트 사회에서 타살자는 없었고 자살자만 딱 한 명 나왔다.

이런 추정치는 거칠게 뽑은 것이긴 하지만 폭력은 거의 완전하게 예방할 수 있다는 사실을 우리 눈앞에 선명하게 보여준다. (다른 나라들은 말할 나위도 없거니와) 미국에서 폭력이 얼마나 큰 대가를 요구하는지를 생각하면 도대체 목숨보다 더 중요한 것이 무엇이기에 우리는 죽음과 고통으로 그토록 큰 희생을 치러야 하는 사회의 문화·경제·정치적 풍토를 계속 이어가려고 하는 것인지 의심을 품어야 마땅하다.

우리 중 대부분이 그렇듯 좀 더 쾌락주의 쪽으로 기운 사람들에게 후터라이트 같은 문화의 단점은 죄의식을 너무 많이 느껴야 한다는 것이다. 아주 엄격한 계율을 어긴다든가 조금이라도 죄를 짓지는 않았는지 늘 스스로를 되돌아보아야 하며, 살다가 문제가 생겨도 남을 탓하기보다 자기의 허물로 받아들여야 한다고 강조하는 문화에서 죄의식을 느끼는 것은 당연한 일이다. 그렇지만 후터라이트 문화에서는 살인은 전혀 일어나지 않고 자살도 거의 일어나지 않는 것으로 보인다. 그뿐인가, 실업, 노숙, 상대적 빈곤, 경제 불평등처럼 미국 주류 문화에 팽배한 폭력 치사를 낳는 숱한 원인들도 없다. 강도 높은 죄의식을 자주 느껴야 한다는 감정적 대가를 치르는 것은 사실이지만 그 덕분에 폭력 치사는 거의 찾아볼 수가 없다. 그렇다고 우리가 후터라이트가 되어야 한다고 말하려는 것은 아니다. 나는 그것이 현실적으로 가능한 선택이 아니라고 생각하며 꼭 그렇게 살아야 한다고 생각하지도 않는다. 내가 던지고 싶은 질문은 우리 문화를 훨씬 덜 폭력적인 쪽으로 완전히 바꾸기 위해 후터라이트에게 무엇을 배울 수 있을까 하는 것이다.

　서유럽 현대사에서 순수하고 극단적인 수치 문화의 가장 극단적인 예를 찾자면 그것은 나치 독일이다(동아시아 현대사에서는 2차 세계대전 때 독일의 동맹국이었던 일본이다). 히틀러는 "베르사유의 수치를 바로잡겠다"는 선거 공약으로, 다시 말해서 베르사유 조약의 '전범' 조항과 연합국이 독일에 요구한 전쟁 배상금으로 말미암아 실추당한 국가 명예를 독일 국민 전체에게 되찾아주겠다는 공약으로 정권을 잡았다. 히틀러는 치욕을 바로잡고 국가 명예를 되찾는 유일한 길은 사실상 무제한의 폭력을 휘두르는 것임을 분명히 밝혔다. 수치심과 폭력이 한몸임을 보여주는 좀 더 가까운 정치적 예로는 2001년 9월 11일 뉴욕 쌍둥이 빌딩이 무너지고 나서 오사마 빈 라덴이 처음 내놓은 정치적 발언을 들 수 있다. 빈 라덴은 그날 일어난 폭력은 온 이슬람 민족이 유럽과 미국에게 당한 '80년의 모욕과 경멸'을 서양도 맛보게 만드는 길이었다고 말했다. 앞에서 언급했듯 수치 문화 속에 살며 수치심에 휘둘리는 인격에 걸맞은 가치관을 심어주는 수치심의 윤리에서, 수치심은 폭력이라는 수단으로만 지워버릴 수 있으므로 치욕을 당했을 때 폭력은 정당할뿐더러 도덕적 책무가 된다.

　삶이나 인격이 수치심의 윤리 또는 죄의식의 윤리에 영향을 받는 사람은 각각 수치심에 휘둘리는 인격, 죄의식에 젖은 인격이라고 말할 수 있다. 수치심에 휘둘리는 인격의 예로는 반사회적(또는 범죄적)

인격과 편집증적 인격을 포함하여 나르시시즘이나 경계선 성격장애 유형에 속하는 인격, 권위주의적 인격을 들 수 있다. 죄의식에 젖은 인격으로는 프로이트가 "도덕적 마조히스트"라고, "성공 때문에 망가지는 사람들"이라고 부른 집단이 대표적일 것이다. 내가 보기에 우리들은 대부분 이 두 극단 사이의 어디쯤에 있다.

수치심에 휘둘리는 인격은 죄의식에 젖은 인격보다 살인을 저지를 가능성이 높지만 하늘이 무너지는 듯한 수치심에서 벗어날 길이 죽는 것밖에 없다 싶을 때는 이런 사람도 자살 쪽으로 기울어진다. 반면에 죄의식에 젖은 인격은 폭력이라면 질색이므로 살인할 가능성이 훨씬 적다. 죄의식에 젖은 사람은 자살할 확률 역시 수치심에 휘둘리는 사람보다 낮은 편이지만 만약 폭력 치사를 저지른다면 살인보다는 자살을 할 가능성이 훨씬 높다.

수치심에 휘둘리는 정치적 가치 체계는 명예와 수치의 위계 구조에서 우월한 지위를 놓고 다투는 데 주안점을 두는 정당을 낳을 것이고 그런 정당이 사회를 자꾸만 위계적이고 불평등한 수치 문화로, 즉 폭력이 일어나기에 안성맞춤인 세상으로 몰아가리라는 것이야말로 참으로 수치스러운 일이 아닐 수 없다. 더 평등주의적인 정치 이념은 지위의 차이를 줄여서 사람을 수치로부터 지켜준다. 지위의 높낮이를 가르는 기준 자체가 없으므로 그런 이념이 지배하는 사회에서는 높은 자리도 없고 낮은 자리도 없다. 사람들이 수치와 불명예를 느낄 위험에 노출되지 않고 하루아침에 신분이나 지위가 뚝 떨어지는 추락을 겪지 않아도 되는 사회에서는 폭력의 수위가 낮아진다. 20세기 미국에서 두 정당이 집권하는 동안 나타난 폭력의 역사는 이것을 뒷받침하는 증거로 보인다.

5장

실직이 늘면
수치심이
커진다

버림받은 사람이 되었다는 생각

영어 단어 'redundant'는 '남아돈다' 또는 '쓸모없다'는 뜻인데 영국에서는 직장이 없는 사람을 그렇게 부른다. 물론 그것은 고용자와 경제의 시각에서 보았을 때 하는 소리다. 그러나 자신이 쓸모없는 사람이라고, 어떤 회사도 어떤 고용자도 관심을 보이지 않는 불필요하고 무가치하고 쓸데없는 사람이라고 느끼면서도 심리적으로 살아남을 사람은 없다. 우리 모두가 심리적 건강을 유지하는 데 꼭 필요한 세상의 일부분, 즉 직업의 세계에서 쓸모없는 사람으로 취급당하면서도 자긍심이나 자존감을 지켜낸다는 것은 굉장히 힘들고 어떤 사람에게는 아예 불가능하다. 물론 실직은 살인이나 자살처럼 파괴적이고 희생이 따르는 행동을 유발하는 데 필요한 여러 결정 요인 가운데 하나일 뿐이다. 그러나 다른 결정 요인들이 이미 있을 때 실직은 가까스로 버티던 사람을 짓눌러 무너뜨리는 마지막 지푸라기가 될 수 있다. 마찬가지로 직장에 다닌다는 것은 아무리 자긍심과 자존감이 구겨지는 수모를 당하더라도 흔들리지 않고 (어렵게나마) 견딜 수 있게 해주는 버팀목이 되어준다.

실업과 수치가 불가분의 관계임은 이런 주제를 다룬 모든 연구와 저작이 한결같이 지적한다. 실직처럼 사람을 비참하게 만들고 버림받았다는 느낌을 호되게 안겨주는 경험도 드물기 때문이다. 토머스 코틀(Thomas Cottle)[1]은 정리 해고의 심리적 효과를 논한 책의 한 장에 '실업의 수치'라는 제목을 달았는데, 이 책을 읽은 어떤 독자는 이렇게 썼다.

나는 아버지가 해고당하고 그 뒤로 직장을 다시 잡지 못했을 때 우리 집에서 어떤 일이 벌어졌는지를 이해해보려는 마음에서 이 책을 샀다. 견디기 어려울 만큼 슬픈 책이었지만 그 위기가 아버지하고 우리 가족한테 끼친 영향을, 특히 우리를 늘 따라다녔던 엄청난 수치심을 무섭도록 똑같이 그려놓았다. …… (장기 실업자는) 갖다 버려야 할 게으른 사람들이 아니라 인생의 비극에 해당하는 일을 겪었으며 영혼을 가진 인간이다.[2]

이 서평에서 알 수 있듯이 실직은 직장을 잃은 당사자한테만 영향을 끼치는 것이 아니다. 실직은 그 사람의 가족과 공동체에도 직간접적으로 큰 영향을 끼친다. 분석의 단계를 더 높여보면 높은 실업률은 실업자만 해치는 것이 아니라 아직 직장이 있는 사람에게도 객관적으로나 주관적으로 모두 해를 입힌다. 높은 실업률은 임금을 낮추고 불안감을 높이는데 이것은 그 자체로도 고통스럽지만 임금 인상과 노동 조건 개선을 위한 효과적 협상에 걸림돌로 작용한다. 결국 실업의 '파급 효과'는 모두에게 피해를 입힌다. 예외라면 노동 비용을 줄이고 노동자의 안전을 무시해도 되는 고용자겠지만, 빈곤이 만연하면 상품과 서비스를 구매할 여력이 있는 잠재 고객이 사라지는 셈이니 길게 보면 고용자도 피해를 본다.

실업률이 높아지거나 실업 기간이 길어질 때 살인이나 자살(혹은 둘 다)로 반응하는 사람이 꼭 실업자 중에서만 나타나지 않는 것은 바로 그래서다. 실업률이 올라가기 전에 이미 사회·경제적으로 말 못할 어려움을 겪고 있었던 사람들은 실업률이 올라가면서 임금이 깎이고, 취업 기회가 줄어들고, 단체 교섭력이 약해지고, 불만을 호소할 통로가 줄어들고, 죽어라 일해도 가까운 미래에 유일한 소득원을 잃지 않는다는 보장이 없고, (내가 급할 때 도움을 청할 수 있는 친척과 친구는 줄어들면서) 직장을 잃어서 도와주어야 하는 친척과 친구가 늘어남에 따라 봉급 생활자라면 누구나 느낄 수밖에 없는 회사와의 관계에서 생겨나는 뚜렷한 변화, 다시 말해 '일자리 불안'으로 인한 스트레스와 좌절감을 도저히 피할 길이 없다. 그렇지 않아도 이미 이런저런 스트레스를 받고 있던 상황에서 이런 스트레스까지 더해지면 꼭 본인이 직장을 잃지 않았더라도 심리적, 경제적으로 취약한 사람 중에서 점점 많은 숫자가 이런저런 폭력(자살, 살인, 혹은 둘 다)으로 중압감을 덜어내려고 하는 것도 그리 놀랄 일은 아니다.

캐서린 뉴먼(Katherine Newman)이라는 학자도 문제의 중심에 수치심이 있음을 지적한다.[3] 빈민가에서 살아가는 사람이 무직이다는 수치에서 벗어나려고 말도 안 되는 보수를 받으면서라도 어떻게든 일하려고 기를 쓰는 모습을 그린 책에 뉴먼은 '내 사전에 수치는 없다'라는 제목을 달았다. 뉴먼은 책의 주제를 잘 드러내주는 한 젊은 여성의 말을 인용하는데, 그 여성은 패스트푸드점에서 "'싸구려 일'을 하는 데서 오는 모멸감에 시달리"지만 "그녀의 자존심을 지켜주는 것은 스스로 내면화한 '복지에 기대어 살아가는 사람들'에게 쏟아지는 비난"이므로 그녀는 "나는 일자리가 있으니까 부끄럽지 않다."고 말한다. 이 소리는 결국 아무리 굴욕스러운 일을 하더라도 일을 하지 못하면 부끄러움을 느끼리라는 말이다. 일자리가 "없는 사람이 대부분"인데(그녀가 사는 동네에서는 정말로 그렇다) "나는 복지에 얹혀 살지 않으니까 자랑스럽다."는 소리는 결국 복지 혜택을 받으면 부끄러워하리라는 말이다.

뉴먼은 다음과 같은 질문을 던지며 수치와 명예의 심리적 역학이 저변에 깔려 있음을 짚어낸다.

취업 사회에서 배제되었다는 것이 왜 그토록 지독한 사회적 고립을 낳는 것일까? 우리는 사람들에게 돈을 건네줄 수는 있어도 …… 명예를 건네주지는 못한다. 명예는 우리 문화의 이런 주무대에 참여하는 데서 나오고 그런 참여에서 맛보는 긍정적 자기 인식에서 나온다. 대공황 시기에 루스벨트는 이 점을 이해했기에 공적 자금으로 일자리를 수없이 만들어서 국립공원을 세우고 기차역을 짓는 일에 사람들을 동참시키는 방식으로 대응했다. …… 1930년대에 실업을 연구한 사회과학자들에 따르면 받는 돈은 별로 차이가 없었어도 공공사업진흥국에서 만든 일자리를 얻은 사람들이 실업 수당을 받는 사람들보다 훨씬 행복하고 건강했다. 공공사업진흥국 노동자들은 가난해도 존엄을 잃지 않았지만 실업 수당을 받는 사람들은 욕을 먹었고 자신의 존재를 정당화할 수 없었다.

이 모든 것은 우리가 분석한 수치의 생리와 일맥상통한다. 뉴먼은 정신 건강을 잃지 않기 위해서라도 일은 꼭 필요하며 일이 없으면 사람은 정서적으로 파괴된다고 결론짓는다.

일을 곧 도덕성으로 보는 전통이 있는 우리 사회에서 취업자와 무직자를 가르는 선이 문화의 가장 깊은 구분선이라는 것은 일리 있는 지적이다. 이 깊은 골짜기를 건넌 다음에야 우리는 비로소 화이트칼라 노동자와 블루칼라 노동자를 나누고 사장과 비서를 구별한다. …… 어떤 사람들은 취업의 장벽을 넘어서고 어떤 사람들은 넘지 못하는 데에는 수많은 이유가 있지만 우리는 그런 이유를 외면하는 몰인정한 문화에서 살아간다. 실업률이 높다는 것을 한동안은 기억할지 몰라도 …… 결국 미국 문화는 이런 배경의 진실을 싹 지우고 쓸모 있는 사람과 쓸모없는 사람, 일꾼과 게으름뱅이라는 단순한 이분법을 선호한다. …… 미국에서는 …… 고용 체계 바깥에 있는 사람은 쓸모없는 인간으로 분류되고 스스로 그 사실을 느끼도록 만들어야 한다고 믿는다.

요컨대, 무직자는 수치를 느껴야 한다는 것이다.

'쓸모없다'는 말은 노인한테 쓰기에 적절한 말은 아니지만, 나이 든 사람들은 종종 그런 느낌 때문에 괴로워한다. 루스벨트가 사회 보장제도를 제안하고 의회에서 그것을 통과시키는 데 성공했을 때 그는 바로 그런 문제를 말하고 있었다. 그전까지 어떤 연령 집단보다도 빈곤율이 높았던 노인들은 버림받았다는 느낌을 받지 않도록 배려받았다. 노인들은 자살률이 가장 높은 집단이므로 노인이 쓸모없다는(잊혀졌다는, 버림받았다는, 무용지물이라는) 느낌을 받지 않도록 보호해주는 정책을 수립해 자살률을 떨어뜨려야 할 것이다. 루스벨트와 뉴딜 시대에 실제로 그런 일이 벌어졌다. 오늘날 일부 공화당원들은 뉴딜의 유산과 우드로 윌슨 때로 거슬러 올라가는 더 이른 시기의 진보적 개혁 정책과 더불어 소득세나 규제 기구들처럼 20세기 초반에 정치·경제 분야에서 일어난 변화를 백지화하면서 사회 보장을 아예 없애려 하고 있음을 강조하고 싶다.

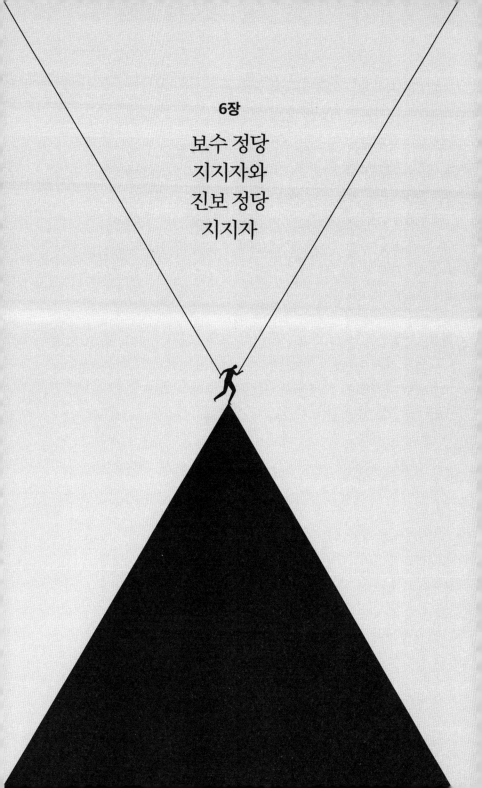

6장

보수 정당
지지자와
진보 정당
지지자

폭력적인 문화와 덜 폭력적인 문화의 대립

2000년 11월 8일 아침 잠에서 깨어난 미국인은 텔레비전 화면과 신문에서 놀라운 지도를 보았다. 나라가 지역과 지역 문화에 따라 정치적으로 '적색 주'와 '청색 주'로 갈린 것이다. 이 논란 많았던 선거에서 적색 주들은 공화당의 부시를 찍었고 청색 주들은 민주당의 앨 고어(Al Gore)를 찍었다. 그때는 바로 눈에 띄지 않았지만 나중에 알고 보니 그것은 단순히 정치적 대립만은 아니었다. 그것은 미국 안에서 벌어진 더 폭력적인 문화와 덜 폭력적인 문화의 대립이기도 했다.

적색 주와 청색 주를 비교하면 공화당이 다수를 차지한 주는 2000년과 2004년에 모두 살인율(합법적 살인과 비합법적 살인 망라)과 자살률이 민주당이 다수를 차지한 주보다 상당히 높다.[1] 적색 주에도 청색 주에도 반대 당을 찍은 유권자의 수는 비교적 소수일지언정 상당수가 있을 것이라고 흔히 생각할 테니 언뜻 보면 의

외의 결과일 수도 있다. 그러나 실제로는 2004년 대선에서 민주당의 존 케리(John Kerry)보다 공화당의 부시에게 50퍼센트나 더 많은 표를 던진 주가 31개의 적색 주 중에서 무려 절반이었다(다시 말해서 부시가 60대 40으로 더 많은 표를 얻었다) 이 정두로 표가 쏠린 주는 19개의 청색 주 중에서 겨우 2개였으므로 청색 주는 지지율이 훨씬 고르게 나온 셈이었다. 다른 각도에서 보자면 여론조사 기관인 퓨 리서치센터는 선거가 끝나고 나서 작성한 '정치 유형 분류 체계'에서 부시가 거둔 2.4퍼센트 차이의 승리는 미국 역사상 재선에 성공한 현직 대통령이 얻은 표 중에서는 가장 적었지만 "미국의 대부분 지역에서 2004년 선거는 접전하고는 거리가 멀었다. …… 미국 전체의 3,153개 군 가운데 다수의 군에서 선거는 부시 아니면 케리둘 어느 한쪽으로 최소한 20퍼센트 이상의 차이로 승패가 극명하게 갈렸다."고 지적했다.[2] 적색 주와 청색 주의 대립을 지켜보던 많은 이들은 미국 전역에서 비슷한 정치 성향과 소신을 지닌 사람들이 같은 이웃, 같은 교외, 같은 지역에서 모여 사는 경향이 두드러지면서 정치적 견해가 자꾸만 양극화하고 두 정당을 지지하는 열성 당원의 차이도 점점 벌어진다고 지적한다.

지금까지 나는 오랜 세월(1900~2007년)에 걸쳐서 미국인이라는 동일한 인구 집단에서 벌어진 차이를 따져보았다. 이제 나는 적색주 거주자와 청색 주 거주자라는 상이한 인구 집단이 동일한 시기에 보여주는 차이를 2000년과 2004년 두 경우에 걸쳐서 알아보려고 한다.

정당과 폭력의 관계를 어떤 방식으로 바라보더라도 나오는 결과는 똑같다. 공화당이 지배하는 **지역**에서는 공화당이 지배하는 **시대**와 마찬가지로 폭력이 늘어나고 민주당이 지배하는 **지역**에서는 민주당이 지배하는 **시대**와 마찬가지로 폭력이 줄어든다. 그러나 정당과 폭력의 연관성을 보는 이 두 가지 방식은 모든 면에서 같지는 않다. 가령 2000년과 2004년 모두 적색 주의 실업률은 청색 주의 실업률과 큰 차이가 없었다. 적색 주와 청색 주의 차이는 실업률보다는 차라리 문화의 차이와 유권자 자체의 차이를 드러내는 것으로 보인다.

적색 주와 청색 주의 양극화는 인과 관계의 화살이 양쪽으로 뻗음을 일깨워준다. 공화당이 다수당인 지역에서 폭력 치사 발생률이 높고 민주당이 다수당인 지역에서 폭력이 줄어드는 것은 공화당과 민주당이 지역민에게 내놓는 정책이 달라서만은 아닐 수도 있다. 두 인구 집단의 가치관과 태도가 처음부터 판이하게 달라서 벌어지는 일일 수도 있다. 애당초 두 인구 집단은 각각 성향에 따라 공화당과 민주당을 선택한 것이다. 정당의 정책이 시민의 태도와 가치관에 입김을 불어넣고 영향을 끼치는 것도 사실이지만, 시민의 태도와 가치관이 정당의 정책을 형성하고 영향을 끼치는 것도 사실이다. 어떤 정당이 선거에서 이겨서 정권을 잡느냐의 여부를 결정하는 것은 시민의 가치관과 태도라는 점에서 더욱 그렇다. 그러므로 두 당 중에서 어느 한 당이 승리를 거둘 즈음이면 유권자들은 자신들이 투표하려는 정당과 동일한 가치관과 태도가 몸에 배어 있을 것이다. 평균적으로 두 당의 지도자들이 유권자들보다 정치적으로 더 양극화되었음을 보여주는 연구가 많은 것은 사실이다. 하지만 그에 못지않게 부정할 수 없는 것은 적색 주와 청색 주의 지역 문화가 판이하게 다르고 공화당 투표자와 민주당 투표자의 성향이 판이하게 다르다는 엄연한 현실이다.

정치 문화와 정치 성향에서 나타나는 이런 차이를 뒷받침하는 수많은 증거 중에는 총기, 군사주의, 고문, 극형, 투옥, 아동 체벌과 그밖의 폭력, 완력, 강압을 나타내는 지표들에 대한 관행과 가치관과 태도에서 2000년과 2004년 대선에서 적색 주와 청색 주가, 공화당 투표자와 민주당 투표자가 어떤 차이를 보였는가를 살펴본 몇 가지 연구가 있다. 가령 퓨 리서치센터는 2004년 대선을 치른 달에 2천 명의 성인을 면담하여 공화당 투표자와 민주당 투표자 사이에 완력과 폭력의 사용과 관련하여 가치관과 태도의 차이가 여러 차원에서 뚜렷이 드러남을 확인했다. 이 면담을 토대로 퓨 리서치센터는 '정치 유형 분류 체계'를 개발했는데, 이에 따르면 사회 문제와 갈등을 해결하는 효과적이고 용납 가능한 수단으로 폭력에 기대려는 경향이 민주당 지지자보다 공화당 지지자에게서 훨씬 높게 나타나는 영역이 수두룩했다. 예를 들면 퓨 리서치센터는 "**민주당 성향의 집단과 공화당 성향의 집단은 폭력의 사용을 어떻게 보느냐**에서 주로 갈렸다."[3](강조는 인용자)라고 보고했다. 이 차이는 개인적 차원에서 정치적 차원에 이르기까지 삶의 모든 측면에서 나타났다.

퓨 리서치센터의 정치 유형 분류 체계는 유권자의 사회·정치·경제·도덕적 가치관을 바탕으로 유권자를 여러 집단으로 나누었다. 부시한테 표를 던질 가능성이 가장 높은 집단은 이른바 '기업가' 집단과 '사회적 보수주의자' 집단이었다. 총기 소유는 민주당 집단보다 공화당 집단에서, 특히 기업가 집단과 사회적 보수주의자 집단에서 훨씬 일반화된 것으로 나타났다. 공화당 성향의 기업가 집단과 사회적 보수주의자 집단에서는 절대 다수(56~59퍼센트)가 집에 총이 있다고 응답했지만 퓨 리서치센터가 '진보주의자(the Liberals)'로 분류한 민주당 성향이 가장 강한 집단은 23퍼센트만이 집에 총이 있었고 그밖의 민주당 성향의 하위 집단도 총기 소유율이 이보다 크게 높지 않았다. 이것은 미국총기협회를 보는 시각에도 그대로 반영되는데, 사회적 보수주의자 집단과 기업가 집단의 80퍼센트가 이 단체를 긍정적으로 보았고 확고부동한 민주당 성향의 진보주의자 집단은 20퍼센트만이 이 단체를 긍정적으로 보았다.

이런 태도는 외교 정책과 군사 정책을 보는 시각으로도 이어져서 "이제 공화당 성향의 유권자와 민주당 성향의 유권자는 미국의 대외 문제 인식에서 거의 완전하게 갈린다." "민주당 지지자들의 압도적 다수는 이라크 전쟁에 완강히 반대하는 차원을 넘어서 군사력보다는 실효성 있는 외교가 미국 안보 정책의 기초가 되어야 한다고 믿는다." "평화를 보장하는 최선의 길은 군사력에 기대는 것"이라고 믿는 진보주의자 집단은 8퍼센트에 그쳤지만 기업가 집단은 70퍼센트나 되었다. 반면 "평화를 보장하는 최선의 길은 좋은 외교"라고 믿는 사람이 진보주의자 집단에서는 88퍼센트나 되었지만 기업가 집단에서는 13퍼센트에 그쳤다. 퓨 리서치센터는 또 진보주의자 집단의 90퍼센트가 "군사력에 지나치게 의존하면 증오와 더 큰 테러리즘을 낳는다"고 믿는 반면 기업가 집단은 9퍼센트만 그렇게 믿음을 확인했다. 또 기업가 집단의 84퍼센트는 "테러리즘을 저지하는 최선의 길은 군사력"이라고 믿었지만 진보주의자 집단은 7퍼센트만 거기에 동의했다.

사실 군사력 사용을 보는 …… 여론은 공화당 집단과 민주당 집단이 정반대 진영으로 확연하게 갈리는 **유일한** 가치 차원의 하나다. …… 최근 정파에 따라 극과 극으로 갈린 이라크 전쟁의 찬반 입장은 몇 년 전부터 국가 안보와 대외 정책에서 적극성에 관한 자기 주장을 보는 …… 극명하게 갈린 상반된 입장과 얽혀 있다. 평화를 보장하는 최선의 길이 군사력을 통한 것이냐 좋은 외교를 통한 것이냐라는 물음에 민주당 성향의 세 집단은 모두 외교를 골랐고 공화당 성향의 집단들은 군사력을 더 신뢰했다. 같은 정파에 들어가는 집단 사이에도 정도의 차이는 있겠지만 두 당 사이의 의견 차이는 그것과는 비교할 수 없을 만큼 컸다. 지지하는 정당이 다른 데서 오는 이런 차이는 테러와의 전쟁을 보는 시각에서는 더욱 크게 벌어졌다. 모든 공화당 집단의 대다수는 압도적인 군사력이 전 세계에서 테러를 저지하는 최선의 길이라고 믿지만 모든 민주당 집단의 절대 다수는 테러리즘을 저지하려고 군사력에 지나치게 기대면 이것이 증오를 낳아 더 큰 테러리즘을 유발한다고 믿는다.[4]

"다수의 국가 안보 문제에서, 특히 이라크 전쟁에서 당 내부의 이견은 공화당과 민주당을 가르는 거대한 골에 비하면 아무것도 아니다." 기업가 집단의 90퍼센트 가까이가 군사력의 선제 사용이 "흔히 또는 간혹" 정당화된다고 믿으며 10퍼센트만이(진보주의자는 3분의 2가) "거의 또는 결코" 정당화되지 않는다고 믿는다. 대체로 "군사력 동원을 지지하는 정도는 굳건한 공화당 지지자 집단에서 가장 높고 중도파 집단에서는 그보다 약간 낮고 민주당 지지자 집단에서 가장 낮다." 테러 용의자를 고문해도 되느냐는 물음에 기업가 집단은 "흔히 또는 간혹" 그래도 된다고 응답하는 비율이 진보주의자 집단보다 세 배나 높았지만(63퍼센트 대 21퍼센트) 진보주의자 집단은 77퍼센트가 고문은 "거의 또는 결코" 정당화되지 않는다고 응답했다.

폭력은 전염된다

지금까지 나는 이런저런 폭력의 형태를 바라보는 시각의 차이를 토대로 공화당 투표자와 민주당 투표자가 어떻게 다른가를 알아보았다. 그러나 적색 주와 청색 주에서는 폭력 치사 행동, 곧 살인(사형 같은 합법적인 살인도 포함)과 자살의 비율도 차이가 난다. 자살률의 경우 2000년에 적색 주는 10만 명당 13명이었고 청색 주는 10만 명당 10명이었다. 2004년에는 적색 주의 자살률이 13.9명이었고 청색 주는 10.2명이었다. 적색 주의 살인율은 2000년과 2004년에 똑같이 5.7명이었고 청색 주는 각각 4.2명과 4.0명이었다. 전체 폭력 치사 발생률에서 적색 주와 청색 주의 차이는 2000년에는 18.7명 대 14.2명이었고 2004년에는 19.6명 대 14.2명이었다. 이 정도의 차이가 두 해 모두에서 우연히 생겼을 확률은 1만 분의 1도 안 된다. 사형 비율의 차이는 더욱 놀랍다. 1976년(미국에서 사형이 1972년에 위헌으로 선언되었다가 다시 허용된 해)과 2009년 사이에 적색 주에서는 1177명이 처형되었고 청색 주에서는 54명이 처형되었다. 비율로 따지면 20 대 1이 넘었다. 사형 집행이 가장 많이 이루어진 14개 주는 모두 적색 주(그중 11개는 남부 주)였다. 사형이 집행되지 않은 14개 주 중에서 10개는 청색 주였다. 2004년의 경우 31개의 적색 주 중에서 27개 주에서 사형이 집행되었다.

이 통계는 33년이라는 세월 동안 사형당한 모든 개인의 죽음 때문에 중요할 뿐 아니라, 그런 죽음이 살아남은 사람들에게 전달하는 뜻, 즉 문화적·도덕적 상징성의 문제 때문에 중요하기도 하다. 극형을 당한 사람의 숫자는 적색 주의 사법과 행정 체계의 최고위 수준에서 사람들을 죽이는 것, 다시 말해서 (한 인간이 다른 인간을 죽인다는 의미에서) 살인을 범하는 것이 다른 인간을 응징하고 처벌하고 정의를 구현하는 데 효과적이며 도덕적으로나 법적으로 수용 가능한 방식이라는 원칙을 공식적이고 공개적으로 승인하고 있음을 우리에게 말해준다. 이런 주들에서 이 상징성이 살인율과 자살률 전반에 어떤 효력을 미칠까? 고 루이스 브랜다이스(Louis Brandeis) 대법관은 1928년에 "우리 정부는 무소부재의 막강한 교육자다. 좋은 뜻에서든 나쁜 뜻에서든 자신의 처신을 모범 삼아온 국민에게 가르침을 준다."고 썼다. 브랜다이스는 정부 관리들이 법을 어기지 않는 것이 왜 그렇게 중요한지에 대해서도 말하는데, 브랜다이스가 범법에 초점을 맞추었다면 나는 폭력에 초점을 맞추고 싶다. 브랜다이스에 따르면 "범죄는 전염된다. 정부가 범법자가 되면 법을 경시하는 풍조가 생기고 만인이 만인의 법을 들고 나오면서 무질서가 판을 친다."[5] 브랜다이스의 말을 바꿔 말하면, 폭력은 전염된다. 정부가 살인을 범하면 비폭력을 경시하는 풍조가 생기고 만인이 살인자로 나서면서 무질서가 판을 치고 극형을 통해서 수호하겠다고 되뇌던 '법질서' 그 자체가 무너진다.

폭력을 대하는 이런 태도는 아동 체벌에 찬성하고 총기 소유와 사용을 지지하며 호전적 외교 정책과 군사 정책에 찬동하는 입장으로 고스란히 옮겨 간다. 적색 주는 청색 주보다 총기 소유 비율이 높고[6] 따라서 살인, 자살, 이른바 '사고' 등 총 때문에 발생하는 사망자의 비율도 당연히 높다.

수감률도 적색 주가 청색 주보다 상당히 높다. 2000년에 적색 주의 평균 수감률은 10만 명당 712명이었지만 청색 주는 487명이었다. 극형 비율과 투옥 비율을 처벌 강도의 잣대로 볼 수 있다면 폭력 비율에서도 처벌 수준에서도 적색 주는 명백하게 청색 주를 앞지르거나 넘어선다.

청색 주와 적색 주가 왜 이렇게 다른지를 이해하려면 이 두 집단의 문화적 차이도 이해해야 하고 (곧 두 개의 상반된 문화를 이 두 집단이 얼마나 대변하는지도 이해해야 하고) 이 두 집단의 유권자들이 어떻게 다른지도 이해해야 한다. 즉 태도와 가치관에서 두 집단이 보이는 차이를, 전통적으로 '성격'이라고 불려 온 것의 내용에 해당하는 인격의 차원을 짚고 넘어갈 필요가 있다.

조금만 과장해서 말하면 적색 주는 대개가 '옛 남부(Old South)'와 '거친 서부(Wild West)'로 이루어진다고 말할 수 있다. 이 말은 예전에 노예를 소유했던 11개 주와 켄터키, 오클라호마 같은 2개 접경 주, 서부 산악 주와 사막 주, 그리고 대부분의 중서부 대평원 주, 다시 말해서 '카우보이와 인디언'이라는 역사적 유산과 상징과 결부된 주들이 여기에 들어간다는 뜻이다. 반면에 청색 주는 두 해안 지역, 곧 태평양 연안 주와 북대서양 연안 주, 뉴잉글랜드와 위스콘신, 미네소타처럼 스칸디나비아 유산이 강한 북중부 주와 일리노이, 미시간 같은 주로 이루어진다.

이런 차이를 묘사하고 기록하는 역사학자, 인류학자, 심리학자, 정치학자의 연구 성과도 이제는 좀 쌓였다.[7] 여기서 거듭 확인되는 사실은 미국 남부 문화는 곧 수치와 명예라는 양극을 따라서 존재하는 윤리관이 두드러진 문화라는 것이다. 또 한 가지 거듭 발견되는 사실은 남부 문화는 수치심에 예민하고 이것이 더 큰 폭력을 낳는 직접적 원인으로 작용한다는 것이다. 이런 양상은 19세기로도 거슬러 올라가는데, 그 당시에도 죄의식과 양심이 확연히 더 중심을 차지하고 있어서 남부보다 '죄의식 문화'가 상대적으로 강한 것으로 그려지던 북부의 뉴잉글랜드 지역 주들은 상대적으로 덜 폭력적이었다. 가령 미국 남부 역사 연구의 권위자인 버트럼 와이어트 브라운(Bertram Wyatt-Brown)은 방대한 역사적 증거를 요약하면서 말하기를 "남북전쟁이 일어나기 전 남부의 가정 교육을 보면 아이에게 수치와 치욕을 주입하고 위계와 명예라는 이상을 주입했는데 이것은 양심을 닦는 데 주력하던 경건한 북부인과는 확연히 다른 방식이었다."[8]

미국 헌법의 전통을 굳건히 세운 올리버 웬들 홈스(Oliver Wendell Holmes) 대법관은 법은 "천상에 뜬 무소부재의 구름"처럼 추상적인 데 머물러서는 안 되고 구체적 현실을 돌아보아야 한다고 역설했지만, 남부의 명예 문화에서 말하는 '명예'도 추상적인 것이 아니라 남부 역사에서 '명예율(Codes of Honor)'이라고 불리는 문서로 숱하게 체계화된 구체적 현실이었다. 이 성문 명예율은 결투

같은 폭력 수단으로 남자가 어떻게 명예를 지킬 수 있는지를 자세히 논한 규칙들과 어떤 상황에서 명예를 지키기 위해 폭력에 기대야 하는지를 자세히 논한 조건들로 이루어졌다. 명예율은 수치 윤리를 집대성한 표본으로 볼 수 있다. 죄의식 문화의 핵심 두덕률은 한쪽 뺨을 얻어맞으면 다른 쪽 뺨도 내놓으라고 사람들에게 가르치지만 명예율은 정반대의 처방을 내놓는다. 결투를 하라는 것이다. 물론 북부에도 결투가 없었던 것은 아니지만 남부만큼 널리 퍼지지 않았고 남부보다 더 일찍, 더 말끔히 사라졌다. 그것이 남부가 미국에서 결투의 본고장이 된 한 가지 이유다. 폭력을 수용하고 승인하는 이런 전통은 폭력적 죽음을 비롯한 각종 폭력 통계 수치가 보여주듯이 오늘날까지도 다른 형식을 통해 면면히 이어지고 있다.

공개적으로 또 정해진 의식처럼 상습적으로 일어났으며 사회적으로 용인되고 수용되었던 또 하나의 폭력 형식은 바로 남부의 한 신사 이름에서 유래한 린치였다.[9] 린치는 단순히 개인이 저지른 행동이 아니었다. 그것은 사법 당국이 잘 알면서도 눈감아준 행동이었고 경찰 상층부를 포함하여 지역 사회가 괜찮다고 용인한 폭력의 본보기였다. 현재 린치는 불법이고 결투는 골동품이 되었지만 사적 분쟁을 폭력을 써서 해결하고 다른 사람을 도덕적으로 대놓고 비난하는 행태는 높은 살인율과 턱없이 많은 극형 언도가 보여주듯이 지금도 남부에서 계속 이어지고 있다.

명예율은 수치 윤리의 성문화로 볼 수 있으며, 미국 남부에서 수치와 정치의 상호관계는 앞에서 언급했지만 린든 존슨이 거론한 '버본 전략'에서 여실히 드러난다. 존슨에 따르면 남부에서 인종 차별이 지속되는 것이 버본(백인 지배층)에게는 정치적으로도 경제적으로도 유리하다. 그래야 가난한 백인이 자기보다 더 가난한 흑인을 깔보고 우월감을 느낄 수 있어서다.

실제로 현재 남부에서 나타나는 인종 차별의 역사적 선행물이라 할 수 있는 노예제 역시 엇비슷한 맥락에서 볼 수가 있는데,[10] 노예제는 노예를 소유한 사람에게 주인이라는 명예를 안겨주었고 열등한 종자(흑인 노예)와 노예를 못 가진 백인(들판에서 일하느라 햇볕에 탔다고 해서 '벌건목'이라든가 '깡통'이라든가 '흰쓰레기'로 불리면서 멸시당했다)에게 노예를 소유한 사람의 우월함을 각인하는 역할을 했다.

수치와 그 반대편에 선 명예는 (죄의식 대 순결과는 대조적으로) 한 사회 안에서 윤리적 지탄과 칭송을 낳는 핵심 형식이자 핵심 정서다. 그래서 인류학자 루스 베네딕트(Ruth Benedict)가 '수치 문화'라는 용어를 만들어내기도 했지만,[11] 사회 성원에게 수치와 치욕의 경험을 얼마나 자주 그리고 심하게 맛보이는지 그리고 수치를 당한 사람에게 얼마나 비폭력적인 수단으로 명예를 성공적으로 되찾아주는지는 똑같이 수치 문화에 속하더라도 사회마다 크게 차이가 난다. 앞에서도 말했지만 (2차 세계대전 이후의) 현대 일본처럼 '온건한' 수치 문화라고 부르면 좋을 사회에서는 수치로 말미암아 얼마나 심한 파괴와 폭력이 불거지는지를 (그리 멀지 않은 일본의 과거

사도 보여주듯이) 헤아리고 본의가 아니었는데도 혹시라도 사람들이 수치를 느끼는 일이 안 생기도록 예의범절을 발전시켰다. 미국 남부 같은 사회는 좀 더 '극단적인' 수치 문화라고 부를 수 있겠는데, 이런 사회에서는 남을 괄시하거나 남에게 괄시당하는 것은 피하는 수단으로 엄격한 법도를 따르도록 사람들에게 기대한다. 하지만 그러면서도 예나 지금이나 수치심과 폭력 행동을 낳는 데 크게 이바지하는 관행들을 지켜 오고 있다. 그중 하나가 (계급, 신분, 인종, 남녀, 연령, 종교, 출신국 등 사람들을 우월한 쪽과 열등한 쪽으로 가를 수 있는 수단을 동원한) 사회 계층의 강화다. 노예제는 이런 사회 계층화의 극단적 모습이었으며 인종 계층화는 아프리카계 미국인의 높은 수감률과 선거권 박탈 같은 수단을 통해 지금도 계속되고 있다.[12] 같은 국민 안의 일부 집단을 신분 위계 안에서 더 낮은 자리로 끌어내리는 것은 그들에게 수치심과 굴욕감을 안기는 일이다. 그들을 경멸하면서 열등한 존재로 취급하는 것이다. 그렇게 하면 남부에서 볼 수 있듯 폭력의 정도가 더 높아지는 결과가 나타난다.

내가 남부에 초점을 맞춘 것은 1966~1968년부터 시작해서 그 뒤로 대부분의 기간 동안 공화당이 재부상하여 정권을 잡는 데 가장 크게 기여한 핵심 전략 지역이 남부이기 때문이다. 1966년과 1968년에 공화당의 '남부 전략'이 성과를 거둔 뒤로 공화당은 사실상 모든 시민권 법안의 확대를 막아내는 데 성공했다. 남부 주들은 정치 성향에서 거의 공화당의 독무대가 되면서 공화당이 선거에서 이기는 데 결정적 변수가 되었다.

'거친 서부'의 역사와 문화적 유산과 상징성은 '옛 남부'의 명예 문화와 마찬가지로 익히 알려졌고 피부로 느낄 수 있다. 뉴잉글랜드와 동부 연안의 더 안정되고 평화로운 문화와는 비교하기 어려울 만큼 남부에서는 남성의 명예가 폭력을 구사하는 기술과 용기를 과시하는 능력과 그것을 실행에 옮길 수 있는 의지에 달려 있었다. 명예를 연구하는 영국의 인류학자 줄리언 피트리버스(Julian Pitt-Rivers) 같은 사람은 명예를 둘러싼 갈등은 법 밖에서 당사자들끼리 해결할 수밖에 없다고 말한 적이 있다.[13] 그것은 (결투, 대결, 린치처럼) 남부에서 법의 울타리 바깥에서 벌어지는 폭력의 양상이 보여주듯이 명예 문화 전반의 특성이긴 하지만, 미국의 서부 주들에서 오랜 기간 동안 내실 있는 법과 정부가 상대적으로 부재했던 정황은 이런 전통을 악화시키고 강화하고 정당화했다. 거친 서부의 역사가 남긴 문화적 유산에 따르면 개인의 명예는 법 바깥에서 개인의 폭력에 의해서만 유지될 수 있다. 옛 남부와 거친 서부가 보여주는 또 하나의 유사성은 이런 문화적 양상이 개인의 총기 소유에 의존하고 또 개인의 총기 소유를 전제로 삼는다는 것이다. 그래서 미국에서 총이 가장 사랑받으며 보유되고 사용되는 곳도, 총으로 인한 사망률이 가장 높은 곳도 남부 주들과 서부 주들이라는 것은 놀라운 일이 아니다.

수치 문화는 계급 구조만이 아니라 신분 구조를 만들어내는 보편적 경향이 있다. 신분 구조는 훨씬 엄격하고 침투하기 까다로워서 계급 구조보다 훨씬 낮은 수준의 사회적 상승 기회밖에 주지 않는다. 낮은 신분에 속한 사람은 아무리 다른 방면에서 성공을 거두었다 하더라도 신분 위계 안에서 정해진 자리를 절대로 벗어나지 못한다. 남부의 수치 문화에서 가장 낮은 신분은 아프리카계 미국인이었고 서부에서는 아메리카 원주민이었다. 오늘날 미국에서 이민, 특히 멕시코계 미국인의 이민을 놓고 벌어지는 갈등은 이런 수치 문화의 신분 경합이 펼쳐지는 원형 경기장이다. 그러나 주제는 늘 똑같다. 수치심을 느끼지 않기 위해 자부심을 느낄 필요가 있는 사람들이 같은 인구 집단에 있는 일부 사람들을 어떻게 열등한 존재로 몰아가면서 업신여기고 그들에게 우월감을 느끼는가다. 대대적인 '버본 전략'이다. 불행하게도 이것은 폭력을 낳는 방안이기도 하다.

권위주의적 인격 대 평등주의적 인격

문화와 인격은 언제나 서로 영향을 주고받는다. 다양한 문화 유형이 자녀 양육, 사회화, 교육 활동, 형사사법제도의 관례, 종교적 믿음과 관습, 그밖의 사회 제도를 통해 다양한 유형의 인격을 낳는다는 점에서도 그렇고 이렇게 만들어진 인격이 다시 문화를 빚어낸다는 점에서도 그렇다. 수치 문화는 보통 수치심에 휘둘리는 인격을 낳고 죄의식 문화는 보통 죄의식에 사로잡힌 인격을 낳는다

('죄의식에 사로잡힌 백인 진보주의자'라든가 '심장에서 피를 흘리는 진보주의자' 같은 표현이 그래서 생겼다). 이 두 인격 유형과 그 차이는 대개 정신병리학적 관점에서 연구되었는데, 수치심에 휘둘리는 사람의 특성은 '경계선 성격장애', 나르시시즘, 편집증, 반사회적, '우파 권위주의' 인격 구조로, 죄의식에 젖은 사람의 특성은 우울증, 강박관념, '도덕적 마조히즘' 인격 유형으로 그려졌다. 그렇지만 이 책에서는 인격과 정치 성향의 관계에 더 주안점을 둔다. 최근 몇십 년 동안 권위주의적 인격과 평등주의적 인격이라는 대조적 인격을 분석한 많은 연구도 여기에 주안점을 두었다.[14]

이런 구분이 지금의 맥락에서 쓸모가 있다면 그것은 두 정당과 대조적인 폭력 치사 발생률 양상 사이의 연관성을 설명하는 데 이런 구분이 도움이 된다는 사실과 무관하지 않을 것이다. 수치 문화와 죄의식 문화의 차이는 많은 부분에서 적색 주와 청색 주의 차이와 겹치고 공화당과 민주당의 사회 경제 정책의 차이와도 겹친다. 이런 차이들을 살인율과 자살률 수치와 묶어 생각하면 공화당에 투표하는 사람과 민주당에 투표하는 사람의 차이가 무엇인지에 관해서도 생각하게 되는데 여기서 인격의 차이가 부각된다. 수치 문화는 수치심에 휘둘리는 인격을 만들고 그런 인격을 지닌 사람은 자신이 견뎌내기 어려운 치욕을 당하면 자살이나 살인 행위로 치닫기 쉽다. 한편 수치심에 휘둘리는 인격은 수치 문화를 재생산한다. 다시 말해서 수치심을 불러일으키는 열등함의 조건들을 만들어내는 경향이 있는 정책을 내놓는 공화당 행정부를 재생산한다. 그러니까 공화당을 찍는 유권자가 꼭 살인이나 자살을 더 많이 저지르지는 않더라도 그들은 아프리카계 미국인이나 경우에 따라서는 남미계 또는 아메리카 원주민 같은 특정 인구 집단을 열등한 사회 신분으로 몰아가서 과도한 모욕을 퍼부어 수치심을 느끼게 하고 그렇게 해서 살인율이나 자살률, 혹은 둘 다를 끌어올리는 사회적 위계 구조를 만들어낸다.

백인 중에서 자살률이 가장 높은 집단은 서부 주들에 살면서 총을 소유한 백인이지만, 전체적으로 자살률이 가장 높은 집단은 아메리카 원주민이다. 이들 중 다수가 서부에 산다. 여기서도 역시 수치 문화가 폭력의 풍토를 조성한다.

권위주의적 인격은 가치관과 태도에서 평등주의적 인격과 여러모로 차이가 있다. 가령 권위주의적 인격은 사회적 불평등, 위계 질서, 신분 차이를 용인하고 경찰, 군인, 재판관, 교도관처럼 공권력을 지닌 존재가 휘두르는 폭력을 수용하려는 경향이 강하다. 권위주의적 인격은 사람을 우월한 존재와 열등한 존재로 나누어야 한다고 믿을 뿐 아니라 자기가 속한 인구 집단이 더 우월하다고도 믿는다. 예를 들어 백인이 유색인보다 우월하다고, 부유한 자가 가난한 자보다 우월하다고, 연장자가 연소자보다 우월하다고, 남자가 여자보다 우월하다고 믿는다. 그런 고정관념이 사람들에게 잘 먹혀든다는 것은 1968년 이후로 공화당이 부유하고 나이 든 백인 남성의 표를 쓸어담았다는 사실에서도 알 수 있다.

　권위주의 연구는 방법론에서 점점 정교해졌는데, 그러면서 더 분명해진 한 가지 사실은 권위주의가 우파의 정치적 태도 및 가치관과 연결되어 있다는 것이다. 우파 권위주의라는 말은 사실 동어반복이다. 이탈리아의 정치학자 노르베르토 보비오(Norberto Bobbio)가 《제3의 길은 가능한가: 좌파냐 우파냐》에서 지적한 대로 우파 정치 운동은 사회적 불평등과 신분 질서를 긍정적으로 보며 좌파 정치 이념은 사회·경제적 평등을 추구하는 데 무게 중심을 둔다. 그래서 우파 정치는 권위주의적 인격의 가치관에 딱 들어맞는다. 권위주의의 공격성 선호는, 다시 말해서 정부 당국의 물리력 행사를 권위주의가 지지한다는 것은 적색 주에서 극형과 투옥이 남용된다는 데에서도 알 수 있다. '우파 권위주의' 연구에 매진해 온 캐나다의 심리학자 로버트 알트메이어(Robert Altemeyer)와 동료 연구자들은 지난 수십 년 동안 미국 전역에서 공화당과 민주당 지지자들과 의원들을 대상으로 태도와 가치관에서 권위주의 성향과 평등주의 성향이 어떻게 다르게 나타나는지를 여러 번 폭넓게 파헤친 연구를 통해 공화당 당적과 권위주의, 민주당 당적과 평등주의적 소신에는, 유권자 집단에서도 의원 집단에서도 통계적으로 의미 있는 뚜렷한 연관성이 일관되게 나타난다는 결론을 내렸다. 그들은 캐나다의 보수적 유권자와 의원 사이에도 비슷한 연관성이 있음을 발견했다. 보수적 유권자와 의원들은 '우파 권위주의' 태도와 가치 척도에서 높은 점수를 기록한 반면에 진보 정치를 지향하는 유권자와 의원들은 이 영역에서 점수가 낮았다. 그들의 연구는 대부분 미국에서 '적색 주/청색 주'의 구분이 처음으로 이루어진 2000년 이전에 이루어졌지만, 그런데도 연구에서 밝혀진 사실은 인격 정당 주라는 세 변수들 사이에 아주 흥미로운 내적 연관성이 있음을 드러낸다. 1990년대에 실시한 여덟 건의 연구에서 연구자들은 정당과 주별로 주 의원들의 우파 권위주의 척도의 평균값을 뽑았는데 여기서 밝혀진 사실은 이렇다. (1) 모든 공화당원은 적색 주에서든 청색 주에서든 우파 권위주의 척도 점수가 평균값보다 높았다. 딱 하나 예외는 청색 주인 코네티컷의 공화당원들이었는데 이들도 청색 주의 민주당원들보다는 하나같이 점수가 높았다. (2) 청색 주의 민주당 의원들은 모두 평균값을 밑돌았다. (3) 평균값보다 점수가 높게 나온 소수의 민주당 의원들은 모두 적색 주 출신이었다. 이런 결과들은 문화(적색 주 대 청색 주), 인격(권위주의 대 평등주의), 지지 정당(공화당 대 민주당)이 서로 영향을 주면서 상승 작용을 한다는 가설에 합치하는 것으로 보인다.[15]

이쯤에서 독자들이 항변하는 모습이 상상된다. "권위주의적 인격을 지닌 사람들이, 더 나아가서는 공화당원들이 사람들을 우월한 내부 집단과 열등한 외부 집단으로 가르고 자신들을 우월한 집단에 넣는다고 비난해놓고선 당신이 바로 그 짓을 하고 있는 게 아니오?" 좀 더 직설적으로 말해서, "당신은 공화당원들과 적색 주에

사는 모든 사람들, 그러니까 폭력을 사실상 조장하는 사람들을 비난하고 망신을 주는 게 아니오?" 혹은 더 따질 수도 있을 것이다. "당신이야말로 정서가 불안해서 수치심에 휘둘리는 사람들이 한다는 짓, 다시 말해서 다 좋은 사람들(당신의 관점에서는 민주당원과 청색 주)과 다 나쁜 사람들(공화당원과 적색 주)로 가르고 당신 자신은 착한 진영에 집어넣는 그 짓을 하는 게 아니오?"

자, 지금까지 너무나 자명해서 새삼스럽게 거론할 필요가 없다고 생각했던 문제에 대해 최대한 분명히 설명해보겠다. 민주당원도 청색 주도 모두 선한 것은 아니고 공화당원과 적색 주가 악을 독점한 것도 아니다. 가령 민주당 정부 때 가장 낮은 수준으로 떨어진 살인율도 지구상에 있는 모든 선진국에서는 살인 전염병으로 여겨질 것이고 민주당 정부 때 가장 낮은 수준으로 내려간 자살률도 많은 선진국의 자살률보다 상당히 높을 것이다.[16] 가령 1998년 미국의 폭력 치사 발생률은 지난 30년간에 비해 가장 낮은 수준이었지만 그래도 폭력 치사 사망률은 인구 10만 명당 17.3명이었고 그중 살인이 6.9명, 자살이 10.4명이었다. 이 수치를 미국과 문화적으로 가장 가까운 나라, 옛날에는 모국이었던 영국과 비교하면, 영국의 살인율과 자살률은 1999년에 각각 0.8명과 6.8명이었고 전체 폭력 치사 발생률은 7.6명이었다. 영국의 살인율은 겨우 미국의 11퍼센트에 그쳤고 자살률은 35퍼센트가 낮았고 전체 폭력 치사 발생률은 겨우 미국의 40퍼센트 수준이었다.

1990년대 후반에 경제적으로 발전한 전 세계 19개 나라(서유럽과 영어권 민주주의 국가, 일본)는 평균 폭력 치사 발생률이 12.7명이었고 미국은 17.3명이었다. 미국의 살인율 6.9명은 19개 나라의 평균 살인율 1.1명의 6배가 넘었다. 19개 나라의 자살률(11.5명)만 미국의 자살률(10.4명)과 비슷했다. 미국의 자살률도 클린턴이 대통령이 되기 전이었던 1991년에 11.5명이었는데 1975년에는 13.3명으로 훨씬 높았다.

적색 주/청색 주 구분으로 말할 것 같으면 나는 가장 '파란' 쪽에 들어가는 매사추세츠 주에서 1966년부터 살았다. 그때는 시민권 혁명에 반발하는 역풍이 전 미국 차원의 운동으로 번져서 공화당이 미국 곳곳에서 지방 정권을 다시 잡았고 심지어 매사추세츠에서도 권위주의적 인종 중심주의의 특정한 형식을 독점한 것은 적색 주들이라는 가정을 유보해야 할 만큼 공공연히 인종 차별을 하던 시절이었다.[17]

여기서 밝혀 두고 싶은 것은, 의학은 원래 가치 판단을 하는 일이 아니지만 딱 하나 예외가 있다면 그것은 의학의 존재 이유이기도 한 인간 생명이라는 가치, 혹은 인간 생명의 존엄성을 지켜야 할 때라는 점이다. (더 나아가서는 다른 생명체도 아껴야 하는데 그것은 생명 그 자체가 소중해서기도 하지만 인간 생명이 다른 생명체들의 존속에 절대적으로 기대기 때문이다. 그래서 좋은 다양할수록 좋다.) 이 책에서 내가 다루는 주제는 폭력 치사이고, 폭력 치사 발생률은 한 국가가 심리적·사회적·정치적으로 얼마나 건강한지를 말해주는 척도라고 볼 수 있다. 내가 의사로서 할 일은 안 좋은 건강 상태를 진단하고 원인이 무엇인지를 찾아내고 병을 고치고 몸이 나을 수 있도록 치료법을 처방하는 것이다. 남을 비난하고 모욕하는 데 끼어드는 것은 그런 치료와는 거리가 멀지만, 요긴한 사실들을 파악하고 공표하는 일은 비록 처음에는 그런 사실들 앞에서 수치심을 느끼는 사람이 있다 할지라도 치료에 해당한다고 나는 믿는다. 여기서 의미 있는 사실 가운데 하나는 사람들에게 수치심을 안겨주는 것이 폭력을 키운다는 것이다. 또 한 가지 의미 있는 사실은 사람들에게 폭력에 기대지 않고도 수치스러운 경험을 견뎌낼 힘이 되어주는 개인적·문화적·경제적 자원을 제공해주는 것이 폭력을 예방하는 한 가지 길이라는 것이다.

여태까지 나는 수치심이 가져올 수 있는 병폐라든가 부적절한 영향을 강조했지만, 수치심은 적절한 기능을 할 수도 있음을 밝혀 두고 싶다. 수치심은 우리가 열등감을 이겨내고, 실수를 바로잡고, 성숙해지고, 발전하고, 배우고, 우리가 자부심을 가질 수 있고 남들로부터 존경심을 끌어낼 수 있는 일을 성취하도록 자극제 역할을 할 수 있다. 물론 그런 일은 사람들이 교육이라든가 건설적이고 의미 있는 일을 통해서 수치심을 털어버리고 긍정적인 자존감을 얻을 수 있는 비폭력적 수단에 접근할 수 있어야만 가능한 일이다. 그런 조건이 마련되었을 때 사람의 정신 건강을 재는 척도의 하나는 수치심을 느끼더라도 파괴적 폭력을 휘두르는 것이 아니라 그런 수치심을 성장과 성숙, 건설적 성취의 발판으로 삼으면서 자긍심을 느낄 때까지 수치심을 견뎌내는 능력으로 정의할 수 있다. 배울 기회와 일할 기회를 얻지 못할 때 사람들은 자신이 맛보는 수치심을 없애버릴 수단으로 유일하게 남은 것은 폭력뿐이라고 생각할 것이다.

우리는 변하지 않으면 성장하고 발전할 수 없다. 그리고 우리가 변하려면 우리가 지닌 사고, 감정, 행동의 낡은 방식은 한계가 있음을, 부적절하거나 잘못되었거나 열등함을 인정하고, 이런 낡은 것들을 버리는 대신 우리가 온전하고 좀 더 알찬 삶을 꾸려 갈 수 있게 해주고 우리가 의지하고 또 의지가 되어주는 다른 사람들도 온전하고 좀 더 알찬 삶을 꾸려갈 수 있게 해주는 새로운 사고, 감정, 행동의 방식으로 바꾸어야 함을 인정해야 한다. 그러기 위한 한 가지 전제 조건은 수치심을 느끼더라도 수치심을 줄이는 수단으로 폭력에 기대지 말고 수치심을 견디는 힘을 키워야 한다는 것이다. 그럴 때 수치심은 야심과 성취의 발판이 되고 지식과 실력을 키우는 자극원이 된다.

내가 생각하기에 폭력을 유발하는 잘못 중 하나는 개인들과 집단들을 다 좋은 쪽이나 다 나쁜 쪽으로 나누는 버릇이다. 그러나 내 관심은 폭력에 있으며 거기에는 좋든 싫든 명확하고 절대적인 이분법이 존재한다. 바로 삶과 죽음의 차이다. 의사로서 나는 죽음의 원인, 곧 위험 요인들과 보호 요인들을 짚어내고 병인을 제거하거나 무력화하고 치유력을 극대화하여 생명을 구하는 데 일생을 바쳤다. 자살률과 살인율을 보면서 내 손으로 정치·사회·경제적 분석을 하게 될 줄은 몰랐다. 내가 임상의로서 접한 자살이나 살인의 개별적 사례들은 그 사람들이 남을 죽이거나 자신의 목숨을 끊도록 몰아간 요인들을 그 사람들의 삶 속에서 찾아내서 이 사람은 이래서 자살했다, 저 사람은 저래서 자살했다 하고 설명할 수 있다. 그러나 폭력이라는 전염병은 개인들의 차이만 가지고는 설명할 길이 없었다. 비전염병 수준에서 전염병 수준으로 갔다가 다시 비전염병 수준으로 바뀌는 것이 같은 인구 집단 안에서 짧은 시기 동안 일어났기 때문이다.

나의 교도소 평등 실험 – 폭력은 없앨 수 있다

지난 40년 동안 나는 감옥을 내 사회심리학 실험실로 쓸 수 있었다. 말하자면 마치 미생물학 실험실에서 실험실 바깥에서 진행되는 죽음의 원인을 알아낼 수 있는 것처럼, 감옥 안에서 폭력이 어디에서 어떤 규모로 일어나느냐와는 무관하게 폭력이 왜 일어나고 어떻게 하면 폭력을 막을 수 있는지를 배웠다. 19세기의 의사들은 전염병이 퍼지는 것을 끝내려면 지역 주민 모두를 둘러싼 환경을 바꾸어서 병원균을 없애야 함을 깨달았다. 그래서 이를테면 상수도와 하수도를 깨끗이 청소했다(그렇게 살균을 하면 효과가 있다는 사실을 그들은 실험실에서 배웠다). 감옥에서 일하면서 나는 이 닫힌 공간에서 일어나는 전염병 수준의 살인과 자살을 끝내려면 감옥이라는 공동체 안에서 살아가는 모든 개인을 둘러싼 문화를 바꾸는 수밖에 없음을 깨달았다.

동료들과 내가 처음에는 매사추세츠의 어느 교도소에서 그 다음에는 샌프란시스코 교도소에서 한 일은 권위주의적 수치 문화를 평등주의 문화로 바꾸는 길을 찾는 것이었다. 여기서 우리가 어떤 수단을 써서 그런 목표를 추구했는지를 설명하기에는 지면이 모자라지만,[18] 다만 바탕으로 삼았던 원칙만 밝히자면 감옥이라는 환경에 있던 모든 사람을 존중했고 또 그들에게도 똑같이 남을 존중하기를 요구했다는 것이다. 그것을 실천에 옮기는 방법의 하나는 모든 사람에게 관심을 쏟고 모든 사람이 하는 말을 귀 기울여 듣고 교육이나 뜻있는 일처럼 자존감을 높일 수 있는 비폭력적 수단을 제공하는 것이었다.

나는 매사추세츠 주에 있는 교도소에서 폭력 예방 사업을 먼저 시작했고 이어서 샌프란시스코에 있는 감옥에서 이 사업을 개선하고 발전시켰다. 1970년대에는 600명의 수감자가 있는 매사추세츠의 교도소 한 곳에서만 매달 한 명의 피살자가 나왔고 6주에 한 명 꼴로 자살했다. 다른 교도소에서도 폭동, 인질극, 교도관과 수감자와 방문객 살인이 숱하게 벌어졌다. 그렇지만 우리는 1980년대 중반이 되었을 때 1만 2천 명이 수감된 전체 교도소 조직에서 폭력 치사로 사망한 사람이 1년에 단 한 명도 나오지 않는 수준까지 나아갔다.

1979년부터 샌프란시스코 보안관으로 일해 온 마이클 헤네시 (Michael Hennessey) 변호사가 인과응보적 정의(그럴듯하게 꾸며낸 말이지만 실은 보복이라는 뜻)를 (폭력범들에게 폭력을 억제할 동기와 폭력 억제의 주체가 될 수 있는 수단을 주어 폭력범들이 사회에서 앗아간 것을 사회에 되돌려줄 수 있게 하는 방법으로) 회복적 정의로 바꾸려고 했을 때 나는 그 동안의 경험에서 배운 것을 좀 더 체계적으로 적용하고 실험할 수 있었다. 헤네시 보안관 밑에서 이 프로그램의 지휘를 맡은 서니 슈워츠(Sunny Schwartz) 변호사가 창조적이고 혁신적인 사람들로 팀을 꾸렸고, 나와 연구 동료인 밴디 리 박사는 그들과 함께 1997년부터 2007년까지 집중적으로 관리된 폭력 예방 실험을 설계하고 실행하고 평가하는 작업을 벌였다.

서니 슈워츠가 조직한 팀의 일원이었던 해미시 싱클레어(Hamish Sinclair)는 '남성 역할 신념 체계'라고 자신이 이름을 붙인 신념 체계를 해체하고 재구축하는 체계적인 방법을 이미 개발해놓은 상태였다. 남성 역할 신념 체계라는 것은 남자라면 사회에서 살아가면서 어떤 형식으로든 주입받았을 가치관과 가정을 모두 가리키는데, 이를테면 세상은 우월한 집단과 열등한 집단으로 나뉜다든가, 이런 이분법적 구조에서 남자는 여자보다 우월하다든가, 남자다운 남자가 그렇지 않은 남자보다 우월하다든가, 필요하다면 폭력을 휘둘러서라도 자신의 우월성을 과시하지 못하는 사람은 열등하고 남자답지 못하다든가 하는 믿음이 모두 여기에 들어간다. 수치 문화의 한 유형을 이루는 그 모든 전제들은 물론 폭력을 낳는 바탕이다. 앞에서 말한 대로 우리가 한 기숙사(우리는 '감방'이라고 부르지 않았다) 전체를 대상으로 일부 범죄학자들이 '폭력의 하위 문화'라고 부르는 수치 문화의 기풍을 세우는 데 이바지하는 도덕적 가치 체계를 해체하고 재구축하는 작업을 돕기 전까지만 해도 교도소 문화에는 그런 폭력이 팽배했다.[19]

우리는 샌프란시스코 교도소에서 이런 실험 프로그램을 적용한 재소자들 사이에서 폭력 수준이 12개월 동안 제로로 떨어졌음을 확인했다. (반면에 '비교 집단'으로 지정된 일반 교도소의 재소자들 사이에서는 여전히 폭력이 이어져서 주어진 해에 전체의 60퍼센트가 교도소 바깥에서라면 중죄로 처벌을 받았을 폭력을 휘둘렀다.) 그리고 출옥한 다음 첫해에 폭력을 휘둘러서 다시 감옥에 들어오는 사람의 비율도 일반 교도소의 비교 집단보다 83퍼센트나 낮았다. 이 프로그램에 참여한 지 4개월 만에 그런 결과가 나왔다.

이 모든 경험과 전 세계를 다니며 교도소 폭력에 관하여 벌인 자문 활동을 통해서 나는 폭력이라는 전염병은 사라지게 할 수 있지만 그러자면 수감자들이 살아가는 문화를 바꿔야 한다는 결론을 내렸다. 물론 우리는 될 수 있는 대로 많은 개인과 함께 강도 높게 일했고, 그들의 폭력을 그들과 우리가 모두 함께 이해하고 끝낼 수 있도록 다 같이 어울리는 시간을 조금이라도 가지려고 노력했다. 그러나 폭력이라는 전염병을 없애는 열쇠는 사회 시스템의 변화였다. 모든 물고기가 헤엄치는 문화의 바다를 바꾸는 것이 우선이었다.

매사추세츠와 샌프란시스코에서 내가 수행한 일을 주립 교도소들과 시립 교도소에서 이루어진 두어 개의 독립된 '시범 사업' 이상의 것이었다고 말하기는 아무래도 어려울 것이다. 그러나 시범 사업의 목적은 그 일을 벌인 곳의 담장을 넘어서 더 큰 규모로 확대하는 데 교훈이 되는 가르침을 얻자는 것이다. (우리는 실제로 뉴질랜드에서 싱가포르, 폴란드, 뉴욕에 이르기까지 세계 곳곳의 교도소에서 이 사업을 도입했다.) 나는 매사추세츠와 샌프란시스코라는 아주 판이하게 다른 두 곳의 교정 환경에서 벌인 나의 연구가 내가 여기서 수치심의 윤리라고 부른 가치 체계와 수치 문화라고 부른 사회·문화체계(둘 다 불평등, 사회적 신분 위계, 지배, 권위주의를 미화하고 극대화한다)가 모든 유형의 폭력을 자극하며, 그런 신념과 행동을 제거하고 집단 안에서 맡은 역할과 상관없이 모두가 모두를 동등하게 존중하는 민주적이고 평등한 사회 관계로 바꾸는 것이 폭력을 예방하는 효과적 수단이라는 가설을 입증했다고 생각한다.

이 실험은 불평등(인구 집단을 우월한 쪽과 열등한 쪽으로 가르는 것)에 도전하는 것은 폭력을 유발하는 수치 문화의 심장부를 가격하는 것이고 남들보다 열등하다는 느낌과 두려움을 불러일으켜 폭력으로 몰아가는 (특히 교육이나 일처럼 긍지와 자부심과 자존감을 얻을 수 있는 비폭력적 수단을 박탈당했을 때) 수치 문화의 기능에 맞선 공격이라는 나의 가설이 지금까지는 맞았음을 증명했다. 교도소에서 우리는 대학 교육을 받을 기회가 주어졌을 때 우리 사회에서 가장 폭력적인 사람들로 이루어진 인구 집단 안에서 무슨 일이 생기는지를 보았다. 기회를 빼앗겼던 사람들이 뜻깊고 보람 있는 일에 동참할 때 대체로 무슨 일이 생기는지를 우리는 교도소와 사회에서 두루 볼 수 있다.

내가 이 책에서 의도한 것은 우리가 교도소라는 살인(과 자살)의 소우주에서 벌인 실험을 통해 알아낸 것을 사회 전반이라는 대우주로 확대 적용하는 것이다. 미국 사회가 자꾸만 재발하는 폭력의 전염병에 시달리고 비전염병 수준으로 폭력이 줄어드는 시기에도 다른 선진국보다 폭력 수준이 훨씬 높다는 사실은 이런 실험이 그만큼 급박하다는 것을 말해준다. 내가 설명한 정치·경제·문화적 변수들이 자살률과 살인율에 모두 영향을 끼친다는 것은 이 실험의 결과를 적용할 여지가 그만큼 넓다는 것을 뜻한다.

수치심이나 죄의식이 꼭 병원균이라는 말도 아니고 수치심이나 죄의식에서 나오는 행동이 언제나 부적절한 행동으로 이어진다는 말도 아님을 강조하고 싶다. 우리가 앞으로 해내야 할 일은 교도소 안에서도 밖에서도 폭력이라는 파괴적 행동이 아니라 교육이나 뜻깊은 일처럼 건설적이고 창조적인 수단을 계속 내놓아서 수치심을 줄이고 자존감을 높이는 데 필요한 도구와 자원을 모두가 누릴 수 있게 하는 것이다.

7장

정치가
삶과 죽음을
가른다

살인과 자살은 정치의 풍향계다

나는 수수께끼를 내면서 이 책을 시작했다. 그것은 설명이 쉽지 않아 보이는 연관성이었다. 대통령을 배출한 정당이 어떻게 자살이나 살인의 원인으로 꼽힐 수 있단 말인가? 지금까지 나는 그 연관성을 설명하여 수수께끼를 풀어낼 수 있는 인과의 고리를 펼쳐놓았다.

흡연과 폐암을 잇는 고리를 밝히는 데는 오랜 세월이 걸렸다. 관련은 분명히 있었지만 인과 관계를 놓고는 논란이 있었는데 그것은 담배 회사들이 연구 결과에 대한 불신을 조장하려고 어마어마한 돈을 쏟아부은 것과 무관하지 않다.[1] 그렇지만 국제암연구소(IARC)는 주어진 요인(즉 담배)이 주어진 결과(즉 폐암)를 일으키는지 여부를 놓고 의심할 나위 없는 결론을 내릴 수 있는 7대 기준을 내놓았다. 나는 이 7대 기준을 가지고 대통령을 배출한 정당(정당도 사실은 이런저런 수많은 사회·경제 정책의 대변자다)이 폭력 치사의 수준을 끌어올리거나 끌어내리는 원인이라고 볼 수 있는지 여부를 밝힐 것이다. 공중 보건 용어를 빌리자면 나는 자살과 살인과 관련하여 공화당 정부가 위험 요인인지 아닌지, 민주당 정부가 보호 요인인지 아닌지를 묻는 셈이다.

암 연구자들을 위해 마련된 7대 기준을 받아들이면서 나는 암을 폭력 치사로 바꾸고 생물학적 요소를 심리적 요소와 사회적 요소로 바꾸었을 뿐 나머지는 원래의 표현을 그대로 사용했다.

1. 노출과 폭력 치사를 잇는 고리나 관련성은 강하다. 정당에 노출된 정도와 폭력 치사 발생률(자살과 살인)의 관련성은 강하고 일관되고 통계적으로 유의하다. 자살률과 살인율은 공화당이 백악관을 차지했을 때만 전염병 수준으로 올라가고 민주당이 백악관을 차지했을 때만 전염병 수준 밑으로 내려간다. 이런 연관성은 기간과 사회적 배경이 굉장히 다른 다양한 시간 틀에서도 장기적으로 유의미한 예외가 없이 되풀이해 나타난다. 더 의미심장한 것은 1900년부터 2007년까지 자살자와 피살자의 순누적 총계를 보더라도 공화당 대통령 시절에는 이 수치가 통계적으로 의미 있게 크게 늘어났고 민주당 대통령 시절에는 거의 똑같은 폭으로 크게 줄었다는 사실이다.

2. 폭력 치사의 위험성은 폭력을 유발하는 요인에 더 많이 노출될수록 커진다. 공화당 정부가 **집권하는 시간이 길어질수록** 자살

률과 살인율의 **순누적 증가분이 커진다.** 정반대로 민주당 정부가 **집권하는 시간이 길어질수록** 자살률과 살인율의 **순누적 감소분이 커진다.** 결국 '용량'이 많을수록 반응도 커진다.

3. 다양한 연구자들이 다양한 인간 집단을 대상으로 벌인 다수의 연구에서 동일한 결과가 나온다. 이 책에서 밝힌 몇 가지 세부 사실은 다른 연구자들도 보고한 내용이지만 이 책의 핵심 명제는 지금까지 아무도 제시하지 않은 것이다. 이것은 독창적 관찰이며, 나는 다른 사람들의 연구에서도 똑같은 결과가 나오기를 바라고 그리리라고 믿는다. 일단은 오스트레일리아와 영국에서 나와는 무관하게 따로 벌인 연구에서 두 나라에서 모두 20세기에 들어와서 보수 정당이 집권했을 때는 자살률이 상당히 올라갔고 진보 정당이 집권했을 때는 내려갔다는 사실, 실업률도 정당과 자살률과 관련이 있다는 사실이 알려졌다는 것만 밝혀 둔다.[2]

4. 요인에 노출된 시점이 폭력보다 앞섰다. 자살과 살인의 순증가세는 공화당이 백악관을 차지한 다음에만 전염병 수준으로 올라갔고 자살과 살인의 순감소세는 민주당이 백악관을 차지한 다음에만 전염병 수준 아래로 내려갔다. ('이것 다음에'가 '이것 때문에'를 함축하는 것은 아니므로) 이 결과가 가설을 증명하는 것은 아니지만 만약 폭력이라는 전염병이 공화당이 집권하기 **전에** 일어났고 민주당이 집권하기 **전에** 사라졌음을 통계 수치가 보여

주었더라면 가설은 부정될 수 있고 또 부정되었으리라는 사실을 기억하는 것이 중요하다. 어떤 사건 **다음에** 일어나는 사건들이 꼭 그 사건 때문에 일어난다는 법은 없지만 어떤 사건 **전에** 벌어진 사건들은 절대로 그 사건 때문에 일어날 수가 없다. 그래서 우리는 가설은 확증되는 것이 아니라 반증되는 것이라고 한 카를 포퍼(Karl Popper)의 말대로[3] 이 분석은 가설을 **반증**하려는 시도이며 그런 시도는 실패했다고 말할 수 있다. 혹은 다른 식으로 말하자면 이 가설은 일단 가설상의 원인과 가설상의 결과 사이에서 시간적으로 관찰된 관계와 부합한다.

5. 요인이 어떻게 폭력을 불러일으키는지를 심리학·사회학적으로 합당하게 설명할 수 있다. 여러 가지 변수가 복합적으로 작용하는 폭력 행동의 병인학(病因學)에서 공화당 대통령과 민주당 대통령이 각각 어떻게 '위험' 요인과 '보호' 요인으로 작용하는지에 관한 심리적·사회적 해석을 지난 장들에서 논의했다. 요약하자면 개인에게서 나타나는 폭력 행동의 직접적인 심리적 동기 또는 원인은 이루 말할 수 없이 심한 수치와 치욕(실패했고 열등하다는 느낌, 무시당하고 괄시당하고 경멸당했다는 느낌, 남들에게 아무런 가치가 없고 불필요하고 '쓸모없는' 존재로 여겨진다는 느낌)에 노출되는 것이다. 이런 느낌들은 사회 환경에 있는 많은 스트레스 요인으로 인해 자극받고 악화되는데 그런 스트레스 요인 중에서도 가장 강력하고 일반적인 것이 직장에서 해고당하는 경험을 비롯

하여 어떤 이유에서든 사회·경제적 지위가 곤두박질치는 경험이다. 그런데 20세기를 통틀어서 이런 경험이 민주당 정부 때보다 공화당 정부 때 더 오래, 자주 일어났고 (루스벨트의 공공사업진흥국 같은 것으로) 치욕감을 줄이는 시책도 공화당 대통령보다 민주당 대통령이 더욱 광범위하고 효과적으로 펼쳤다.

6. 연결고리는 특수하며 요인은 폭력 상해 곧 의도적 상해의 특수한 유형을 일으킨다. 내가 이 책에서 말하려는 것은 두 정당이 생명을 위협하거나 죽음을 유발하는 병리학의 특수한 유형, 다시 말해서 자살과 살인이라는 의도적 폭력 치사를 일으키거나 막는 데에서 아주 상반된 성적을 보여준다는 것이다. 미국에서 모든 원인을 망라한 총사망률과 정당 사이에는 이와 비슷한 연관성이 없어 보이고 사고로 인한 사망자 숫자와 정당 사이에도 아무 관련성이 없어 보인다. 의학이 발달하면서 총사망률은 해마다 떨어지는 추세다. 원칙적으로 의학 지식이라는 것은 한번 터득하면 결코 잃지 않고 쌓이고 불어나는 것이지 의도적 폭력처럼 들쭉날쭉 요동치는 것이 아니다. 의학은 거의 언제나 한 방향으로만, 평균 수명이 점점 늘어나는 쪽으로만 움직인다. 그러므로 대통령 선거는 일상적으로 이루어지는 의료 활동이나 의학 지식과 설령 관계가 있다 하더라도 연관성이 아주 희박할 가능성이 높다. 또한 의학 지식의 성장에 기여하는 유형의 연구 사업은 완료되기까지 오랜 세월이 걸려서 보통 두 명 이상의 대통령 임기

와 겹치기 십상이므로 딱히 어느 정당의 영향을 받았다고 말하기가 어렵다. 마찬가지로 해마다 발생하는 비의도적 폭력 상해, 이른바 '사고사'도 1900년에 처음 사망에 관련된 비율들이 측정된 이후로 거의 매년 떨어지는 추세를 보였다. 이러한 사실이 보여주는 것은 우리는 사고가 우연히 일어난다고 생각하지만 사실은 사고야말로 우연과 거리가 멀다는 것이다. 실제로 사고는 날이 갈수록 효과적으로 예방되었으며 차량 안전띠, 오토바이 헬멧 같은 예방 장치는 한번 도입되면 좀처럼 폐기되지 않는다. 예방 장치는 계속 수용되면서 안전에 항구적으로 기여하며 '사고사'는 의도적 상해에서 볼 수 있는 것처럼 사망률이 들쭉날쭉하지 않고 그 예방 확률이 의학과 마찬가지로 꾸준히 진보한다.

7. 연결고리는 다른 연구들을 통해서 우리가 알고 있는 내용과 부합한다. 여기 제시되는 인과 사슬의 모든 고리는 다른 연구 활동에서 밝혀진 사실과 맞아떨어진다. 정당과 폭력 치사 발생률의 연관성과 그 연관성을 설명하는 인과 메커니즘의 맞물린 사슬은 다른 연구들을 통해 우리가 알고 있는 다음과 같은 사실과 부합한다.

(a) 실업의 비율과 지속 기간, 경기 위축의 정도와 지속 기간과 빈도, 불경기, 불황, 부와 소득의 불평등, 곧 상대적 빈곤과 박탈감 등 허다한 형태의 **사회·경제적 스트레스, 고통, 불평등**은 통계적으로 공화당 때 올라가고 민주당 때 내려간다는 사실을 여러

사회과학 연구가 보여준다. (b) 경제적 불평등, 실업, 경제 성장에서 박탈감과 열등감을 안겨주는 **상대적인 경제적 스트레스와 폭력 치사**의 연관성은 논문으로 발표된 여러 연구에서 확인되고 재확인되었으며 사회과학 문헌에서 가장 확고부동하게 밝혀진 사실에 들어간다. (c) **실직자**가 되거나 사회·경제적 지위를 하루아침에 잃어 (다시 말해서 고용주에게 쫓겨나 쓸모없고 무가치한 존재로 규정되어) 낮은 지위로 전락하는 경험은 사람에게 말할 수 없는 **수치와 치욕**을 안겨준다는 것도 두말하면 잔소리다. (d) 엄청난 **수치와 치욕**의 감정과 자살, 살인 같은 **폭력 행동** 사이의 인과적 연관성은 행동과학의 모든 분야에서 보고되었고 여러 차례 확인되었으며 아득히 먼 옛날부터 가장 널리 거듭 관찰된 인간 행동에 들어간다.

흡연이 폐암 발병률을 높인다는 사실이 밝혀졌듯이 공화당이 백악관을 차지하면 자살률과 살인율이 올라간다. 규칙적으로 운동을 하고 적포도주를 적당히 마시면 장수에 도움이 되듯이 민주당이 백악관을 차지하면 폭력 치사 발생률이 떨어진다. 담배를 피운다고 해서 다 폐암에 걸리지는 않듯이 공화당 대통령이 나왔다고 해서 폭력 치사 발생률이 언제나 전염병 수준으로 올라가지는 않는다. 운동을 한다고 해서 다 오래 건강하게 살지는 않듯이 민주당 대통령이 나왔다고 해서 폭력이 언제나 줄어들지는 않는다. 내가 여기서 보여준 것은 대통령의 출신 정당과 사회에서 일어나는 폭력 치사 발생률의 아주 의미 깊은 연관성이며 나는 이 불가사의한 연관성을 설명할 수 있는 일련의 증거를 짚어내 이 연관성이 제기한 수수께끼를 풀었다.

나는 이런 발견이 미국 정치와 폭력을 이해하는 데 도움을 주는 더 큰 함의를 논의하고 싶지만 그 전에 먼저 이 발견을 두 가지 삼단 논법으로 요약할까 한다. 이 삼단 논법들의 전제는 모두 경험으로 확인된 증거들이다.

첫 번째 삼단 논법은 심리학적 삼단 논법이다.

대전제 수치심과 치욕감은 자살과 살인의 동기가 되므로 자살률과 살인율을 모두 높인다.

소전제 실업, 상대적 빈곤, 사회·경제적 지위의 추락 같은 형태로 나타나는 사회·경제적 고통과 어려움은 수치심과 치욕감을 자극한다.

결론 따라서 방금 언급한 형태로 나타나는 사회·경제적 고통과 어려움은 자살률과 살인율을 높인다.

(대전제와 소전제, 결론을 뒷받침하는 경험적 증거는 각각 4장, 5장, 2장에 요약되었다.)

두 번째 삼단논법은 정치적 삼단논법이다.

대전제 공화당 정부는 사회·경제적 고통 수준을 높이고 민주당 정부는 그것을 줄인다.

소전제 사회·경제적 고통은 살인율과 자살률을 높인다.

결론 따라서 자살률과 살인율은 공화당 정부 때 높아지고 민주당 정부 때 낮아진다고 예상할 수 있다.

(대전제와 소전제, 결론을 뒷받침하는 증거는 각각 3장, 2장, 1장에 요약되었다.)

이제는 폭력 치사 발생률을 달라지게 하는 것이 정당의 이름 자체가 아님이 분명해졌으리라 본다. 사실 정당의 이름이란 것은 어떤 특정한 행정부에서 권력을 잡은 수많은 사람들이 수행하는 수많은 정책과 시책을 대변할 따름이다. 그러나 어떤 대통령과 어떤 정당이 다른 대통령과 다른 정당으로 바뀌는 그 다양한 변화의 저변에는 각각의 정당 이름과 관련한 연속성과 일관성이 충분히 나타나며 거기서 일정한 통계적 규칙성이 나온다. 혹은 비유를 달리하자면 담배라는 포장 안에 각종 유해한 성분이 담겨 있고 규칙적 운동이라는 포장 안에 장수에 도움이 되는 각종 성분이 담겨 있듯이 각 정당과 각 행정부는 (자살률과 살인율을 잣대로 삼았을 때) 사회 차원과 정신 차원에서 공중 보건에 유해하거나 유익한 다양한 성분을 담은 포장이라고 볼 수 있다.

여기서 보고하는 연구는 미국 정치에 상당히 무게 있는 함의를 던진다. 공화당은 폭력 치사의 위험 요인으로 작용하고 민주당은 보호 요인으로 작용한다는 것이다.

이왕 말이 나왔으니 이제 렌즈를 넓혀서 정치적 민주주의와 사회적 민주주의가 어떻게 다른지에 대해서도 말하고 싶다. 미국을 비롯하여 모든 선진국에서 일반화된 정치적 민주주의는 국제 무대에서 민주주의 국가 사이의 폭력을 예방하는 것으로 많은 연구에서 드러났다. 한편 미국을 제외하고 모든 선진국에 존재하는 사회적 민주주의는 국내 무대에서 살인이라는 폭력 형태를 줄이는 것으로 이런 주제를 다룬 거의 모든 연구에서 드러났다. 오직 미국만이 아무리 미국 안에서는 낮은 수준이라도 다른 모든 선진국에서는 전염병으로 여겨질 만큼 높은 살인율을 유지하고 있다. 내가 이해하기로는 미국에서 수치심의 윤리와 수치 문화의 정치적 영향력이 여전히 팽배하고 이것이 정치·경제적 가치관과 가정을 좌우하기 때문에 이런 현상이 벌어지는 것이다.

미국 정치가 처한 상황을 보면 공화당과 민주당의 대립, 적색 주와 청색 주의 분열 등 정치의 양극화가 전무후무한 수준이다. 왼쪽에서는 녹색당 대선 후보로 나온 적이 있는 진보적 시민운동가 랠프 네이더(Ralph Nader) 같은 사람이, 오른쪽에서는 미국 독립당을 창당한 극우 성향의 전 앨라배마 주지사 조지 월리스(George Wallace) 같은 사람이 공화당이나 민주당이나 똑같다고 말하지만, 나는 그런 사람들에게 이 책에 나오는 통계 수치는 사정이 그리 단순하지 않음을 보여준다고 응수하고 싶다. 이 책에서 나는 거의 전적으로 국내 정책에만 초점을 맞추었는데 그것은 국제 무대에서 벌어지는 폭력이 아니라 국내에서 벌어지는 폭력 문제를 이해하고 싶었기 때문이다. 그래서 나는 민주당의 외교 정책이나 군사 정책을 공화당과 비교하는 시도조차 하지 않을 것이다. 물론 민주당도 물주 노릇을 해주는 대기업의 비위를 맞출 때가 많음을 나도 인정할 수밖에 없다. 선거에서 이기려면 선거 자금이 필요한데 그렇게 하지 않고서 어떻게 대기업에게 기부를 요청할 수 있겠는가? 가령 클린턴 대통령 때도 경제적 불평등은 계속해서 커졌다. 그렇지만 그 불평등은 1933년부터 37년 동안 이어진 민주당의 패권을 1969년 닉슨이 대통령으로 당선되어 끝장내면서 시작되었다. 그리고 클린턴 때 불평등이 심화된 속도는 레이건과 아버지 부시 때의 3분의 1밖에 되지 않았다.[4] 그리고 내가 앞에서 거론한 대로 클린턴 재임 시절에 경제적 평등 수준이 많은 분야에서 올라간 것으로 나왔다. 그러나 이 책이 밝히려는 점과 관련하여 가장 중요한 것은 20세기 초부터 지금까지 쭉 폭력 치사 발생률은 (공화당 정부 때와는 달리) 민주당 정부 때 떨어졌으면 떨어졌지 올라가지 않았다는 사실이다. 그 점에서 두 정당은 그저 **다른** 정도가 아니라 서로 **정반대**였다! 실업률과 실업의 지속 기간에서도 똑같은 현상이 나타나는데 자살률과 살인율과 마찬가지로 이쪽도 공화당 정부 때 늘어났고 민주당 정부 때 줄어들었다. 역시 두 정당은 그저 다른 것이 아니라 정반대였다.

두 정당이 폭력 치사 발생률에서 180도 다른 결과를 가져왔으므로 백악관 주인으로 공화당을 뽑을 것이냐 민주당을 뽑을 것이냐는 삶과 죽음 둘 중 하나를 선택하는 것이다. 그것도 한 사람의 목숨이 아니라 해마다 수많은 사람의 목숨이 왔다 갔다 한다.

폭력 치사가 일종의 '풍향계'라는 사실에서 우리는 수치심의 역할에 주목하게 된다. 보통 이런 식으로 표현하지는 않지만, 미국 정치를 지배하는 양극화는 권위주의적 수치 윤리와 좀 더 평등주의적인 윤리의 충돌을 반영한다. 여기서 평등주의적인 윤리란 가장 높은 발전 단계에서는 수치와 죄의식보다는 사랑과 나와 남을 똑같이 존중하는 마음과 알베르트 슈바이처(Albert Schweitzer)가 "생명의 외경"이라고 부른 것과 더 관련이 있을 것이다.

이제 나는 이 책에 나오는 통계 수치가 우리가 정치를 생각하는 방식에 어떤 의미를 주는지를 생각해보고 싶다.

정치와 국민의 행복

미국 독립 선언의 유명한 서문은 "모든 인간은 평등하게 창조되었다."이고, "생명과 자유, 행복 추구"에 대한 사람들의 "양도할 수 없는 권리"를 보장하려고 "사람들 속에 세워진 것이 정부"라고, "언제든지 어떤 형태의 정부든지"(그 말은 결국 어떤 정당이든지) "이런 목적을 파괴할 때는 그 정부를 바꾸거나 무너뜨리고 사람들의 안전과 행복을 가장 잘 실현할 것으로 보이는 …… 새로운 정부를 세우는 것이 국민의 권리"라고 공표한다. 미국 헌법은 헌법 제정의 목적이 (그 말은 결국 이 새 나라를 세운 목적이) "국민의 안녕을 보장하고 …… 보편적 복지를 증진하고 우리와 후손들에게 자유와 축복을 확보하는 데" 있다고 밝혔다.

이 책에 나온 통계 수치가 정확하다면 1900년부터 2007년까지 공화당은 미국 정부가 세워진 이러한 목적 하나하나를 구현하는 우리의 능력을 감퇴시켰고 민주당은 그런 능력을 증대시켰다는 경험적 증거를 통계 수치가 보여준다는 결론을 피하기 어려워 보인다. 공화당이 한 일은 미국인이 누리는 평등, 생명, 자유, 행복, 안전, 국민의 안녕, 복지 전반의 양을 극대화한 것이 아니라 축소한 것이었다. 민주당은 자신이 배출한 지도자와 정책을 통해서 정반대의 일을 했다.

독립 선언서를 작성한 토머스 제퍼슨(Thomas Jefferson)은 조지 3세와 그가 이끄는 영국 정부를 앞장서서 성토했다. 제퍼슨을 본떠 그가 영국 왕을 그리는 데 쓴 표현과 그리 다르지 않은 방식으로 공화당을 그려볼까 한다.

1) **평등** 미국 국민 사이의 경제적 불평등을 민주당은 줄였지만 공화당은 키웠다. 공화당은 노예제가 있었던 주뿐 아니라 그렇지 않았던 주에 사는 많은 백인 사이에서도 여전히 만연한 인종적

편견을 파고들어 표를 얻은 끝에 결국 정권을 되찾은 1969년 이후로도 '남부 전략'을 통해 인종적 불평등을 완화하기는커녕 강화했다. 공화당은 또 엄청난 수의 아프리카계 미국인을 투옥하는 징벌 정책과 공권력의 관행 차별적 마약법을 기기하고 인민 중죄를 저지르면 일평생 투표권을 박탈하여 (가령 마약법을 어기는 비율은 흑백 두 인종이 엇비슷한데도 마약법 위반으로 처벌받는 아프리카계 미국인의 숫자가 훨씬 많다) 수백만 명의 아프리카계 미국인한테서 참정권을 빼앗는 식으로 인종 불평등을 조장했다. 노예제, 린치, 인두세를 빌미 삼은 선거권 박탈, 남부 주들에서 흑인이 투표권을 갖지 못하도록 막는 방법으로 쓰였던 '문맹 테스트', 인종 분리가 지난 한 세기 반 동안 이런저런 시기에 불법화되었고 시민권 운동, 대법원 판결, 케네디와 존슨의 시민권 법안이 인종적 불평등의 낡은 관행을 무너뜨린 마당에, 이렇게 상호 연결된 정책들이 고의건 아니건 간에 공화당이 백인의 우월성을 다시 세우려는 행위가 아니라면 달리 어떻게 이해해야 할지 나로서는 알 수가 없다.

2) **생명** 공화당이 국정 운영을 해서 나온 결과가 극형을 포함한 살인율과 자살률이 올라간 것이었다는 점을 보면, 공화당은 생명을 파괴하는 세력이다. 민주당 대통령 때와 민주당이 다수를 차지한 청색 주에서 자살률과 살인율이 떨어진 것과는 대조적이다.

3) **자유** 자유의 궁극적 박탈은 물론 죽음이다. 여기에는 살인과 자

살만이 아니라 사형 선고라는 방법에 따른 죽음까지 포함되어 있다. 그 다음으로 큰 박탈이 투옥이고 세 번째로 큰 것은 폭행이나 심지어 살해를 당할까 봐 가고 싶은 곳에 못 가고 하고 싶은 것을 못 하는 것이다. 공화당이 자유를 얼마나 많이 침해했는가 하면, 1968년 닉슨이 '범죄와의 전쟁'을 시작한 다음부터 대공황이 정점에 이르렀던 시기의 공화당 정권 이래 가장 큰 폭으로 폭력 범죄가 늘었을 뿐 아니라, 1970년대 중반부터는 범죄율과 폭력률의 증가를 훨씬 넘어서는 규모로 수감률이 역사상 전무후무할 정도로 폭발적으로 늘었다. 그래서 지금 미국의 수감률은 중국, 이란 같은 경찰 국가를 포함해서 지구상 어느 나라보다도 높으며 미국 안에서도 1969년 공화당이 정권을 탈환하기 전까지 어떤 시기의 수감률보다도 6배 이상 높다.

4) **행복 추구** 말보다는 행동이 말해준다는 원칙에 따르자면 한 사회에서 행복의 정도를 가장 정확하게 드러내는 것은 자살률과 살인율이다. 이것들은 두 가지 유형의 불행이라는 빙산의 일각인데, 자살의 경우는 자기 자신과 자신의 삶에 관련된 불행이고 타살의 경우는 타인과 타인의 삶에 관련된 불행이다. 그래서 이 두 가지 형태의 폭력 치사 발생률을 높이는 공화당의 성적은 공화당이 행복 추구를 실현하기보다는 저지하는 데 재주가 많음을 보여주는 경험적 증거라고 볼 수 있다.

5) **안전과 안녕** 한 사회에서 안전과 국내 안녕의 정도를 시민들이

위협이나 폭력 치사의 현실로부터 얼마나 자유로운지를 기준으로 잴 수 있다면, 민주당이 보여준 성적과는 정반대로 공화당이 미국을 자꾸만 그런 목표에서 멀어지는 쪽으로 끌고 간다는 결론을 피하기 어렵다.

6) **보편적 복지** 보편적 복지를 사람들이 경제적으로 안전한 정도(취업, 양질의 교육, 주택, 보건, 절대적 빈곤과 상대적 빈곤을 겪지 않기에 충분한 재산과 소득, 경제가 번영하는 사회에서 살아갈 수 있는 기회)로 웬만큼 측정할 수 있다고 한다면, 이 책에 나오는 통계 수치는 민주당은 이런 목표 하나하나를 모두 달성할 확률을 높이고 공화당은 그런 확률을 줄인다는 경험적 증거를 내놓는 것으로 보인다. 그러나 아마도 가장 큰 아이러니는 공화당 정치인들이 공통적으로 입에 담는 정치적 수사가 민주당이 유럽식 사회민주주의나 '복지 국가'를 추구한다고 비난하고 그것은 결국 소련식 공산주의와 빈곤, 전제 정치로 치닫는다고 주장하여 미국 국민이 그런 사실을 깨닫지 못하도록 만든다는 것이다. 이러한 주장은 서유럽의 모든 나라가 2차 세계대전 이후로 미국과 같은 수준의 정치적 민주주의와 시민적 자유를 누리면서도 예외 없이 놀라울 만큼 비폭력적이고 평화롭고 번영을 구가하는 복지 국가를 이루었다는 현실을 터무니없이 왜곡한다. 이런 나라들은 빈곤율, 무주택률, 살인율, 수감률이 미국보다 훨씬 낮고, 극형이 없고, 평균 수명이 더 길고, 여가를 더 누리고, 유아와 산모의 사

망률과 발병률이 낮고, 양질의 탁아와 보건 서비스, 고등 교육을 무상으로 제공하면서도 미국 국민이 누리는 것보다 더 큰 경제적 안전을 국민에게 제공한다.

결론적으로 나는 세 가지 질문을 던지고 싶다. 첫째, 이 책에서 보고하는 통계 수치를 속시원히 설명할 수 있는 다른 어떤 사회·정치·경제적 변수가 있는가? 그러니까 여기 기록된 변화를 설명하는 다른 원인들이 있어서 두 정당과 두 폭력 치사 발생률 사이에 관계가 있다고 하기에는 근거가 박약함을 보여줄 가능성이 있는가? 두 정당의 본질과 각 정당이 집권하던 시절의 폭력 치사 발생률 사이에 인과 관계가 있다는 가설을 반증하려는 시도가 빠짐없이 다 이루어졌는가?

살인과 자살을 함께 보아야 하는 이유

가령 1990년대의 클린턴 정부 시절 폭력 치사 발생률을 실제로 떨어뜨린 것은 대량 투옥이라는 사회 공학 실험이었을까? 만약 그렇다면 그 공로는 공화당에게 돌아가야 한다. 대량 투옥 정책은 1968년 닉슨이 '범죄와의 전쟁'과 '마약과의 전쟁'을 부르짖고 나오면서 도입된 정책이기 때문이다. 그리고 (클린턴이 대통령으로 있던) 그 시기에 뉴욕 시에서 자살률과 살인율을 끌어내린 것은 공화당

루돌프 줄리아니(Rudolf Giuliani) 시장이 추진한 '범죄 무관용' 정책과 사소한 무질서도 용납하지 않겠다는 '깨진 유리창' 용납 불가 정책이었을까? 뉴욕은 당시 주요 도시 중에서 예외적인 경우였고 오직 공화당 정치 지도자만이 폭력을 예방할 줄 알고 민주당 지도자보다 그 점에서 더 유능하다는 것을 보여주는 실례인가?

대량 투옥이 클린턴이 당선되고 나서야 일어난 폭력 치사의 극적 감소를 설명해주는 이유가 아님을 입증하기는 어렵지 않다. 미국에서는 닉슨 재임 2년째(1970년)부터 시작된 자살과 살인의 전염병이 네 번의 공화당 정부와 한 번의 민주당 정부(카터)를 거치는 동안 내리 지속되었다. 1993년 취임할 당시 클린턴은 전임 아버지 부시 공화당 대통령한테서 인구 10만 명당 11.3명의 자살률과 10.4명의 살인율을 물려받았다. 1997년이면 이 두 비율은 모두 전염병의 '바닥'(앞에서 말한 대로 자살은 11명, 살인은 8명이다) 밑으로 떨어져서 지난 27년 동안 이어진 전염병 수준의 폭력에 종지부를 찍었다. 클린턴 재임 마지막 해인 2000년이면 살인율은 10.4명에서 6.4명으로 떨어져서 1966년 이후로 가장 낮은 수준이었고 자살률은 11.3명에서 9.6명으로 떨어져서 1902년 이후로 가장 낮은 수준이었다.

이러한 폭력 치사의 극적 감소가 과연 똑같이 극적으로 나타난 수감률의 증가에서 비롯된 것일까? 1970년대 중반 닉슨의 두 번째 임기 중에 시작된 수감 인구의 증가가 폭력이라는 전염병 종식의 원인이라면, 왜 1997년에 와서야 전염병이 끝났단 말인가?

미국의 수감률은 20세기에 들어와 4분의 3에 이르는 기간 동안 인구 10만 명당 약 100명(20명 정도 증감) 선을 유지했다. 그러던 것이 1970년대 중반부터 꾸준하고도 가파르게 증가해 지금은 10만 명당 700명이 넘는다. 이렇게 감옥을 부지런히 지어서 열심히 채우는 것이 폭력이라는 전염병을 종식시키는 데 간접적으로라도 기여했다는 증거가 있을까? 여기 그렇지 않다는 정황 증거가 있다.

1) 폭력이라는 전염병은 살인과 자살을 모두 포함하므로, 대량 투옥을 열렬히 옹호하는 사람이라도 수감률이 올라간 것이 클린턴이 뽑힌 뒤 자살률이 떨어진 데 조금이라도 기여했다고 믿을 만한 이유가 있다고 주장하지는 않을 것임을 말해 두고 싶다. 투옥은 자살을 예방하기보다는 자살의 주된 촉진제로 알려져 있다.

2) 민주당의 두 대통령 우드로 윌슨과 프랭클린 루스벨트는 공화당 전임 대통령으로부터 (각각 1913년과 1933년에) 폭력 치사라는 전염병을 물려받았지만 수감률을 대거 끌어올리지 않고도 이 전염병을 없애는 데 성공했다. 이 사례는 수감률을 높이는 것이 폭력이라는 전염병을 끝내는 데 필요 조건이 아니라는 결론과 부합한다.

3) 닉슨부터 아버지 부시까지 공화당 대통령들(1969~1992년)은 민주당 전임 대통령 케네디와 존슨으로부터 비전염병 수준의 폭력

치사 발생률을 물려받아서 1970년부터 전염병 수준으로 끌어올렸고 이런 추세는 20세기에 들어와 가장 오래도록 끊기지 않고 이어졌다. 수감률이 10만 명당 약 100명 수준에서 20세기에 들어와 처음으로 700명 선을 넘었는데도 그런 결과가 나왔다. 수감률을 높인 것은 살인율에 조금도 영향을 끼치지 않았다. 살인율은 계속해서 전염병 수준을 유지했다. 이것은 수감률을 높이는 것이 폭력이라는 전염병을 종식시키기에 충분한 조건이 아니라는 결론과 합치한다.

4) 민주당의 클린턴 대통령은 1993년 전임 공화당 대통령으로부터 전염병 수준의 폭력 치사 발생률을 물려받아서 해마다 계속해서 올라가던 수감률에 제동을 걸지 않고 전염병을 끝냈다.

5) 윌슨, 루스벨트, 클린턴은 모두 공화당 전임자로부터 폭력과 실업(그리고 그밖의 사회·경제적 불평등, 고통, 박탈)이라는 전염병을 물려받아서 그 전염병을 종식시켰다.

6) 위에서 인용한 다섯 가지의 경험적 증거들은 (공화당이 그랬던 것처럼) 수감률을 높이는 것은 폭력 치사라는 전염병을 예방하거나 종식시키는 데 필요한 조건도 아니고 충분한 조건도 아니라는 것, (민주당이 그랬던 것처럼) 실업이라는 전염병과 상대적 박탈감이라는 전염병을 종식시키는 것이 폭력 치사라는 전염병을 예방하고 종식시키는 데 필요 조건이며 동시에 충분 조건이라는 사실을 보여준다.

미국 국립과학원은 1993년 이 문제를 논의하면서 이렇게 결론을 맺었다.

교도소 인구를 늘리는 것이 폭력 범죄 수준에 어떤 영향을 끼쳤는가? 아주 미미해 보인다. …… 범죄당 평균 수감 기간을 3배로 늘렸을 때 범죄 예방 효과가 강하게 나타났다면 폭력 범죄율은 떨어져야 했을 것이다. …… 분석에 따르면 폭력 범죄 한 건당 평균 복역 기간을 더 늘린다면 1975년부터 1989년까지 (복역 기간을) 늘렸을 때보다 더 큰 비율로 재범률이 올라갈 것이다. …… 이 분석은 예방 전략이 폭력에 대한 형사 사법적 대응만큼이나 중요할 수 있음을 시사한다.[5]

사실은 질문의 방향을 바꾸어 대량 투옥 정책이 정반대 효과를 낳은 것은 아닌지 자문해야 한다. 오랜 옛날부터 감옥을 '범죄 학교'로, 실은 범죄와 폭력의 대학원으로 알려지지 않았는가 말이다. 나의 동료 서니 슈워츠는 감옥을 '괴물 공장'[6]이라고 부른다. 우리는 비폭력 범죄를 저지른 사람까지 자꾸 투옥하면서 우리가 만든 감옥이 포화 상태가 되도록 꽉꽉 채웠다. 그리고 지난 40년 동안 내가 거듭 관찰했고 모든 재범 통계가 보여주는 바에 따르면, 비폭력적인 사람을 폭력적인 사람으로 바꾸는 가장 효과적인 방법은 그 사람을 감옥으로 보내는 것이다. 따라서 우리는 비폭력적인 사람들을 자꾸자꾸 더 오래오래 감옥이 집어넣는 것이 폭력이라는 전염병을 줄이거나 끝내기보다 사실은 늘리거나 악화시키는 결과를 낳는 것이 아닌지, 그리고 클린턴 행정부 때(1993~2000년) 극적으로 일어난 폭력 치사 발생률의 급격한 감소가 대량 투옥 열풍 때문에 일어났다기보다는 대량 투옥 열풍에도 불구하고 일어난 것이 아닌지 물어야 한다.

　대량 투옥 정책이 살인율을 낮추는 데 이렇다 할 효과가 없었다는 마지막 증거는 20세기에 들어와서 4분의 3에 이르는 기간 동안 미국의 수감률이 인구 10만 명당 100명 수준을 유지했던 1970년에 살인율이 10만 명당 8.3명이었다는 사실이다. 15년 뒤인 1985년에는 수감률이 10만 명당 200명으로 두 배로 늘었다. 살인율은 얼마였을까? 여전히 8.3명이었다. 그로부터 다시 11년이 지난 1996년에는 수감률이 다시 두 배로 뛰어 10만 명당 400명이 넘었다. 그해의 살인율은 얼마나 되었을까? 여전히 8.3명이었다. 27년이라는 기간 동안 수감률을 두 배로, 심지어 네 배로 높였어도 살인율은 조금도 떨어지지 않은 것으로 보인다. 살인율이 전염병의 '바닥'인 8명보다 낮은 수준으로 떨어진 것은 클린턴 대통령이 이 책에서 묘사한 경제 개혁을 펼치면서부터였다(클린턴 재임 마지막 해인 2000년에는 살인율이 6.4명까지 떨어졌다). 그 뒤로 또 다시 공화당의 부시 대통령이 뽑히자마자 살인율은 감소하기를 멈추고 다시 증가하기 시작하여 수감률이 계속해서 높아졌는데도 (어쩌면 수감률이 높아졌기 때문에) 위로 올라가기만 했다.

그런데 뉴욕의 줄리아니 시장의 경우는 어떤가? 지하철 요금을 내지 않는 사소한 법 위반까지도 '무관용'하는 철저한 '범죄 엄단' 정책으로 전염병 수준의 뉴욕 폭력 범죄를 잡은 사람이 줄리아니 시장 아닌가? 먼저 앞에서 말한 내용을 다시 언급하고 싶다. 줄리아니를 열렬히 옹호하는 사람조차 '범죄 엄단'이 자살률에 이렇다 할 효과가 있었으리라고 주장하지는 않을 것이다. 자살률은 줄리아니가 시장으로 있는 동안 뉴욕만이 아니라 미국 전역에서 줄어들었다. 분명히 가장 경미한 범죄에 더 엄격하게 대처하겠다는 줄리아니의 정책을 넘어서는 무언가가 미국의 모든 대도시에서 벌어지고 있었다. 다른 대도시들은 줄리아니와는 정반대의 정책을 펼친 경우가 많았는데도 자살률과 살인율이 모두 뉴욕처럼 줄어들었다.

줄리아니가 1994년부터 2001년까지 뉴욕 시장으로 있었으니 클린턴 대통령의 재임 기간(1993~2000년)과 거의 같은 시기에 재임한 셈이다. 그리고 앞에서 말한 대로 이때 미국 전역에서 살인율이 해마다 극적으로 떨어져서 클린턴 취임 첫해에 10.5명이던 것이 마지막 해에는 6.4명으로 떨어졌다. 같은 기간 동안 살인율은 뉴욕만이 아니라 미국의 주요 25개 대도시에서 하나같이 극적으로 줄어들었다. 일부 도시는 뉴욕과는 정반대의 정책을 펼쳤는데도 이런 결과가 나왔다. 가령 미국에서 다섯 번째로 큰 캘리포니아의 샌디에이고는 뉴욕과 크게 다르지 않은 수준으로 살인율이 떨어졌지만 샌디에이고 경찰은 시민을 '엄단'하지 않고 지역 '범죄 감시' 조직을 만

들어 시민과 협조 관계를 맺으면서 시민을 협력자로 끌어들였다. 뉴욕의 살인율 감소는 퍼센트로 따지면 대도시 중에서 가장 컸지만 뉴욕의 살인율은 그 전 35년 동안 가장 높은 편에 들었다. 가령 1960년부터 1990년까지 미국의 살인율은 117퍼센트 늘었는데 뉴욕은 368퍼센트나 늘었다. 뉴욕의 살인 전염병은 미국 전체와 엇비슷한 추세로 시작해서 끝이 났다. 뉴욕에서는 살인율이 전염병 수준에 못 미쳤던 기간이 1960년대 후반까지 이어지다가 1970년부터 전염병 수준으로 올라갔고 클린턴이 집권한 1990년대에는 해마다 떨어져서 정상 수준으로 돌아왔다. 뉴욕은 미국 전체보다 살인율이 더 빠르게 늘어나고 더 빠르게 줄어들었지만 변화 추세는 다른 대도시들과 엇비슷했다. 그래서 줄리아니 시장의 대대적인 홍보가 성공을 거두기는 했어도 실제로 있었던 일을 되짚어보면 자기가 꼬끼오 하고 울어서 해가 뜬다고 생각하는 수탉이 연상된다. 범죄학자 앤드루 카먼(Andrew Karmen)에 따르면 "뉴욕 (경찰) 간부들은 상황이 악화되면 (다시 말해서 공화당이 집권하는 동안 살인율이 급등하면) 자기들도 손을 쓸 수 없는 불가항력이라고 했다가 상황이 호전되면 공로를 고스란히 차지한다." 이 말은 뉴욕 시장에게도 해당하는 것으로 보인다.

정리하자면, 폭력 치사라는 전염병을 끝내는 데 기여한 것이 민주당 대통령의 당선이 아니라 대량 투옥이라는 주장을 의심하는 또 하나의 이유는 20세기에 나타난 세 차례의 폭력 치사 전염병이 하나같이 대량 투옥 정책의 도입이 아니라 1912년에는 우드로 윌슨, 1932년에는 프랭클린 루스벨트, 1992년에는 빌 클린턴이라는 민주당 대통령의 당선과 함께 끝났다는 사실 때문이다. 세 대통령 모두 전임 공화당 대통령으로부터 폭력 치사라는 전염병을 물려받았지만 세 전염병 모두 수감률의 변화 없이 종식되었다. (클린턴의 경우는 그전까지 25년 동안 살인율이나 자살률이 떨어지지 않았는데도 수감률은 해마다 계속 올라가기만 했고, 클린턴이 퇴임한 다음에도 수감률 증가 추세에 계속 변화가 없었다는 뜻이다.) 이 민주당 대통령들은 경제 불평등을 줄이는 정책을 많이 펼쳤는데, 예를 들면 소득세와 각종 세금의 누진세율을 크게 높이고(최고 소득세율을 높이는 등), 실업률과 실업 기간을 줄이고, 사회 안에서 가장 가난하고 가장 취약한 사람들을 위한 사회 복지 '안전망'을 늘리고, 경제 성장과 확대를 가져오면서 국민을 두루 풍요하게 만드는 정책 등이 있었다.

폭력 치사 발생률과 관련하여 루스벨트와 클린턴이 거둔 성적은 특히 비슷하다. 자살률과 살인율 모두 해마다 극적으로 가파르게 줄어들었다. 자살률의 경우 집권 첫해부터, 살인율의 경우 집권 이듬해부터 떨어져서 두 대통령 때 모두 두 번째 임기가 시작될 무렵에 전염병 수준 이하로 내려갔고 이러한 감소 추세는 집권 말년까지 계속 이어졌다. 루스벨트가 공화당 집권기에 시작된 대공황을 극복하기 위한 정책, 법, 기구를 얼마나 적극적으로 만들었는지는 잘 알려져 있다. 그 덕분에 경제는 (전미경제연구소의 통계 자료가 보여주듯이) 루스벨트 취임 첫해부터 위축에서 팽창으로 돌아섰다. 공황이 확실하게 끝나는 것은 2차 세계대전이 시작되면서부터였지만 루스벨트가 취임 첫해부터 공황을 누그러뜨리고 다스리기 시작했다는 것은 엄연한 사실이다. 어쩌면 지 뷘이나 살인 같은 문제만큼이나 중요한 것은, 루스벨트가 절망에 빠져 정부와 사회 기관들에서 버림받았다고 느끼던 미국 전역의 수백만 명의 사람들에게 보살핌을 받고 있다고 느끼게 해주고 새로운 희망을 품게 해주는 데 성공했다는 점이었다.

루스벨트에 대해서는 잘 알려진 바 있지만, 클린턴 집권 5년차되던 1997년에 자살률과 살인율이 지난 30년을 통틀어 가장 낮은 수준으로 떨어졌고 실업률 또한 과거 30년간 가장 낮은 수준이었다는 사실은 잘 알려지지 않았다. 평균 임금과 최저 임금도 실질 금액으로 따졌을 때 30년 만에 처음으로 올라갔다(공화당의 의회 지도자들이 최저 임금에 그렇게 반대했는데도). 대다수 경제학자들이 경제 정책 중에서 가장 효과적인 빈곤 예방 수단이라고 믿는 '역소득세'(근로 장려 세제)는 전무후무하게 증가했다(그리하여 그것을 완전히 없애려던 공화당의 시도를 막아냈다). 미국에서 가장 살인 폭력에 취약한 아프리카계와 남미계 두 인구 집단도 빈곤선보다 소득이 낮은 사람의 비율이 처음 측정되기 시작한 이후 가장 낮은 수준으로 떨어졌다. 클린턴은 진보 성향의 민주당원들로부터 '공화민주당원'으로 자주 불렸고 ('기존의 복지 체제를 헐어내고' 노동을 복지의 전제 조건으로 만들었을 때처럼) 두 당의 차이가 거의 없어질 정도로 공화당과 타협했다는 비판을 받았다. 그러나 이 책이 주제로 다루는 문제들과 관련해서 클린턴은 다른 미국 대통령 중 루스벨트와 가장 많이 닮았다. 공화당이 일으킨 폭력이라는 전염병과 불평등과 상대적 빈곤이라는 경제 구조를 루스벨트만큼 잘 뜯어고친 유일한 대통령이 바로 클린턴이었다.

그래서 나는 닉슨 공화당 대통령 때 시작된 대량 투옥 정책이 역시 그의 임기 때 시작된 전염병 수준의 폭력 치사를 종식시켰을 것이라고 결론을 내리기는 어렵다. 반면에 민주당 대통령이 추구한 공화당과 판이하게 다른 정책들이 그 전염병을 종식시킨 주역이라고 믿을 만한 이유는 아주 많다. 사회·경제 문제의 수준과 개개인의 감정적·심리적 건강과 복지의 수준(자부심, 희망, 자신감 회복, 자신의 안위에 신경 써주는 사회에서 살아간다는 느낌) 사이에는 복합적인 인과 메커니즘이 작용하며 우리가 여기서 연구하는 폭력 치사 발생률과 집권 정당이라는 두 변수를 이어주는 것이 바로 그런 인과 메커니즘이기 때문이다.

이제 나는 백악관을 차지한 정당과 폭력 치사 발생률을 연결하는 인과의 고리를 드러내 살인의 수수께끼를 푸는 열쇠 하나를 제시했다. 한편으로 나는 왜 이것이 수수께끼인지, 혹은 왜 수수께끼여야 했는지, 즉 왜 이런 사실들이 지난 한 세기 동안 뻔히 보이는 곳에서도 눈에 띄지 않았는지 그 이유도 알아냈다. 이제 분명해진 것은 '분할 정복' 전략이 살인과 자살을 갈라놓는 데까지 확대되었다는 사실이다. '그들'은 살인을 저지르고 '우리'는, 혹은 적어도 우리 중에서 더 불행한 사람들은 자살을 한다고 나누어 생각하게 되었다는 것이다. 이제 우리는 기실에서 프리을 보시 넣는 것이 왜 중요한지, 그래서 제 목숨을 끊는 것을 정신 질환의 세계에 집어넣고 남의 목숨을 끊는 것을 범죄와 폭력의 세계에 집어넣는 것이 왜 중요한지를 안다. 그래야만 두 가지 폭력 치사와 정치·경제 시스템의 연관성을 덮어버릴 수 있기 때문이다. 결국 왜 이 살인 수수께끼가 수수께끼였는지는 수수께끼가 아닌 것이다.

나는 폭력의 원인을 규명하는 일을 업으로 삼은 사람으로서 관심을 두었던 통계 수치를 들여다보면서 이 여행을 시작했다. 미국 국립보건통계원이 수집한 그 통계 정보 자체는 전문가가 아니고서는 이해하기가 어렵다. 나는 자살률과 살인율이 동시에 올라가고 내려간다는 사실도 흥미로웠지만 20세기를 통틀어 분포 양상을 보면 산봉우리도 있고 골짜기도 있다는 것, 다시 말해서 이 비율들이 전염병 수준으로 올라간 시기도 있고 '정상'으로 여겨질 수준으로 내려간 시기도 있다는 사실도 흥미로웠다. 이 봉우리와 골짜기가 대통령 선거 주기와 일치함을 알아차렸을 때 나는 말 그대로 내 눈을 믿을 수가 없었다.

둘의 관련성을 처음 알아차리고 그것이 통계적으로 의미가 있다는 사실을 발견한 시점으로부터 시간이 제법 흘렀지만, 지금도 나는 제 손으로 저질렀건 남한테 당했건 폭력으로 인한 죽음을 숙고하다가 정당과 사회 정의의 문제로 생각이 이어질 때 바닥에 그어진 금을 넘어서는 듯한 느낌이 든다. 다른 사람들도 나처럼 선을 넘는 기분을 느낄지 모르겠다. 보여주지 않으려던 것을 본다는 뜻에서도 그렇거니와 범주를 넘어선다는 뜻에서도 그런 느낌이 든다.

영화 스크린 속이 아니라 누군가의 삶에서 실제로 일어나는 자살이나 살인에 대해서 생각한다는 것은 그 자체만으로도 충분히 고통스럽다. 우리가 이 비극적 사건들을 생각할 때 동원하는 범주는 각각 정신 질환이라는 범주와 범죄학이라는 범주다. 이 책에서 살인율과 자살률은 부표와도 같다. 이 부표들은 바닷길의 종착점이 낙심한 개인이나 살인자의 가슴이 아니라 백악관과 두 주류 정당의 상이한 경제 정책으로 이어짐을 보여준다. 다른 정치인들보다 더 위험한 정치인들이 있다. 그들이 나쁜 사람이거나 좋은 일을 결코 하지 않아서가 아니라 그들이 추구하는 정책이 죽음을 불러오기 때문이다.

생명을 구하는 정치를 찾아서

이 책에 나오는 통계 수치에 담긴 가장 중요하고 어쩌면 가장 놀라운 함의는 폭력 치사 발생률이라는 전염병의 증감을, 그리고 그것과 긴밀하게 얽힌 실업, 불평등, 전반적 번영(경제 성장률) 같은 경제 현상을 대통령 개인의 특성보다 대통령을 배출한 정당이 더 잘 예측하고 결정하는 것으로 보인다는 사실이다. 내가 이 점을 강조하는 것은 내가 보기에 대부분의 대통령 선거를 후보들도, 언론도, 유권자 일반도 그저 어쩌다 보니 이 당 저 당이 후보가 된 두 개인의 '미인 대회'나 '경마 시합'인 양 생각하고 누구한테 표를 던질지 결정할 때 가장 눈여겨보아야 할 것은 두 사람의 인격이나 살아온 역정의 차이인 것처럼 받아들이는 것 같기 때문이다. 이미 확실하게 끌리는 당이 있거나 '자기' 당을 보고 후보를 찍는 유권자 말고 자신을 '무당파'라고 생각하는 유권자가 특히 그렇다. 그렇지만 많은 선거의 결과를 좌우하는 것은 이런 무당파 부동층 유권자와 주로 이 당 후보를 찍다가도 가끔은 저 당 후보를 찍는 유권자들이다. 그래서 나는 1900년부터 2007년까지 나온 12명의 공화당 대통령과 7명의 민주당 대통령의 인격 차이가 아무리 크다 하더라도 폭력 치사에 끼친 영향을 훨씬 분명하게 예측하는 것은 대통령 개개인한테서 나타난 그 어떤 차이보다도 대통령의 출신 정당이었다는 사실을 강조하는 것이 중요하다고 생각한다. 화려한 시어도어 루스벨트와 무미건조한 윌리엄 태프트, 뚱한 리처드 닉슨과 명랑한 로널드 레이건, 귀족적인 프랭클린 루스벨트와 소탈하기 이를 데 없는 해리 트루먼만큼 서로 다른 사람들이 어디 있단 말인가? 그런데도 출신 정당은 이런 개인적 차이를 압도했고 다르기 짝이 없는 인격들을 같은 정당의 깃발 아래 모아들였다.

따라서 유권자들이 대통령 후보에게 표를 던질 때는 개인이 아니라 사실은 그가 속한 정당을 찍는 것임을, 좋든 싫든 그 정당과 결부된 모든 이념을 보고 투표를 하는 것임을 기억하는 것이 중요하다. 이렇게 말하면 꼭 아버지가 자기 딴에 자식한테 조언을 한답시고 너는 개인하고 결혼하는 것이 아니라 집안하고 결혼하는 것이라고 말하는 것처럼 들릴 수 있다는 것을 나도 잘 안다. (내 경험으로는 개인하고 사랑에 빠진 사람은 그런 말을 듣고 싶어 하지 않는다. 그 사람은 개인하고 사랑에 빠진 것이지 집안하고 사랑에 빠진 것은 아니기 때문이다.) 하지만 결혼에 관해 그것이 좋은 충고든 아니든, 나는 유권자가 누구에게 투표할지 결정할 때 (1900년부터 2007년까지 12명의 공화당 대통령 중에서 아이젠하워 딱 한 명, 7명의 민주당 대통령 중에서 카터 딱 한 명이 자기 당의 다른 대통령들과 약간 다른 성향을 보인 것처럼) 아주 드문 예외를 제외하고는 후보 개개인의 차이보다 후보를 낸 정당의 차이에 주목하는 것이 더 중요함을 명심하는 것이 가치 있는 일이라고 생각한다. 사실 선거 운동의 틀을 두 후보의 순전히 개인적인 대결로 몰아가려는 목적 중 하나는 두 당의 실제 정책 차이가 무엇인지에 유권자가 주목하지 못하게 만들려는 데 있다. 그래야 개인적으로 어떤 일을 성취했고 어떤 추문과 결부되었는지를 놓고 개인들에게 논쟁이 집중되고, 두 정당의 정책이 어떤 결과를 가져왔고 두 정당이 정치와 경제에서 어떤 성적을 거두었는지에는 집중되지 않기 때문이다.

이 책에서 제시한 통계 수치에 담긴 또 다른 함의는 다음과 같다. 선거 운동 기간에도 그렇고 선거 결과에 따라 실제로 국정이 운영되고 입법이 진행되는 과정에서도 그렇고, 생명, 자유, 행복, 안전, 국민의 안녕, 번영, 복지를 끌어올리는 데 어떤 정당의 정책이 더 효과적인지를 놓고 추측과 예측과 근거가 뒷받침되지 않는 의견이 난무하는 바람에 대부분까지는 아니어도 상당수의 정치적 수사가 격하게 달아오른다. 그러나 여기 나온 통계 수치가 보여주는 것은 대부분의 주제와 관련하여 우리는 미래를 추측할 필요가 없다는 사실이다. 과거가 보여주는 사실이 이미 우리 앞에 있기 때문이다. 다시 말해서 공화당의 정책은 거듭 줄기차게 놀라운 일관성을 띠고 실업률과 실업 기간, 경기 침체와 불황의 빈도, 강도, 지속성, 부와 소득의 사회·경제적 불평등, 자살률과 살인율, (1970년대 중반 이후로는) 투옥과 극형을 모두 높이, 오래 끌어올렸고 민주당의 정책은 이 모든 파괴적 현상을 똑같은 크기만큼 정반대로 감소시켰다 (투옥과 극형에서 적색 주와 청색 주가 보여주는 극명한 차이에서도 알 수 있듯이).

이 책을 쓰면서 내가 가장 놀란 것은 폭력 치사 발생률은 미로 밖으로 이어지는 실과 같아서 그 실을 따라가면서 공화당 정부와 민주당 정부가 추구한 경제 정책과 사회 정책, 수치심과 죄의식의 심리, 실업이나 사회·경제적 열등감과 수치의 연관성, 적색 주와 청색 주로 양극화된 미국 정치를 만날 수 있었다는 사실이다.

나는 의사지 경제학자나 정치학자가 아니다. 나의 관심사와 내가 훈련받고 경험한 분야는 삶과 죽음의 문제였지 불황과 선거 문제가 아니었다. 특히 폭력적 죽음의 원인과 예방 문제를 나는 예방 정신의학을 포함한 공중 보건과 예방 의학의 문제로 접근했다. 폭력으로 인한 죽음의 원인과 예방을 연구하다가 뜻밖에 특정한 정치·경제 현상이 생명을 위협하는 행동을 유발하는 '위험 요인'으로 작용하거나 그런 행동을 예방하거나 치유하는 '보호 요인'으로 작용할 수 있음을 깨달았을 때, 나는 누구나 그랬을 테지만 깜짝 놀랐다.

결국 나는 폭력 치사 발생률과 백악관을 차지한 사람의 출신 정당 사이의 연관성을 제대로 설명하려면 불평등을 각각 키우거나 줄인 공화당과 민주당의 정책, 수치심 윤리와 죄의식 윤리의 대비, (수치심에 휘둘리는) 권위주의적 인격과 문화, 평등주의적 인격과 문화의 대비를 파헤쳐야 함을 깨달았다.

그리고 결국은 미로 자체가 사람들이 이런 사실을 깨닫지 못하게 가로막는 노릇을 한다는 생각이 들기 시작했다. 그렇지만 폭력 치사 발생률을 고찰하면서 우리는 우리가 무엇을 하는지 알아보지 못하게 만드는 우리의 정치·경제 시스템을 들여다보는 창을 연다. 내가 독자들에게 부탁드리는 것은 이 창을 너무 빨리 닫지 말고 나와 함께 마지막 두 가지 질문을 더 던져보자는 것이다.

미국에서 한 세기가 넘도록 폭력 치사 발생률이라는 전염병을 종식시킨 민주당의 공로를 가로채면서 진실을 뒤집어엎는 공화당의 선거 운동 책략에 민주당이 휘말려들지 않는 것이 어째서 그토록 힘들거나 불가능해 보일까? 그런 공로는 오직 민주당만이 세울 수 있었다. 민주당이 맞수 공화당이 퍼뜨린 잘못된 정보의 음해를 끈히 무너뜨릴 만큼 자신을 강력하게 변호하지 못하는 것은 지나친 공격성에서 불편함을 느끼는 죄의식 윤리의 지배를 받는 데서 비롯되는 불리한 점일까?

둘째, 토머스 제퍼슨은 생명과 자유, 행복 추구라는 목표가 "어떤 형태의 정부에 의해서든 파괴당할 때"에는, 언제라도 사람들의 안전과 행복을 "가장 잘 실현할 것으로 보이는 …… 새로운 정부를 세우는 것"이 "국민의 권리"라고 말했지만, '국민의 안녕'을 이루고 '보편적 복지'를 끌어올리는 쪽으로 창조적 노력을 기울이려면 우리는 정당들을 앞에 두고 어떤 행동을 취해야 하는 것일까? 19세기에 공화당의 전신 휘그당은 하루아침에 공중분해되고 공화당으로 바뀌었다. 공화당이 처음으로 낳은 대통령이자 가장 위대한 공화당 대통령인 에이브러햄 링컨(Abraham Lincoln)은 노예제를 폐지하여 미국의 사회사, 정치사에서 가장 급진적으로 진보적이고 평등주의적이고 자유주의적인 개혁을 단행했다. 공화당은 민주주의의 이상을 이루는 데 크게 기여했지만 링컨이 죽고 나서는 진보와 평등의 정당에서 반동과 불평등의 정당으로 점점 뒷걸음질을 쳤다. 악덕 자본가와 정신없이 영합하는 꼴을 보다 못해 19세기 말 마크

트웨인(Mark Twain)이 '도금 시대'라고 일갈하기도 했고, 1969년에는 정권 탈환을 위해 인종 평등의 정당에서 인종 차별의 정당으로 가는 대가를 치르고 '남부 전략'을 내세웠다.

이제 우리 앞에 아주 중요한 질문이 던져졌다고 나는 믿는다. 미국인은 민주당이 정권을 잡았을 때에도 부분적으로만 바로잡을 수 있었던 불평등과 폭력의 주된 원천이 되어버린 공화당을, 다른 서구 민주주의 국가들에서 사민주의 정당들이 했던 만큼 불평등과 상대적 빈곤, 폭력을 성공적으로 줄일 수 있는 정당으로 갈아치울 비폭력적 수단을 찾아낼 수 있을까? 서유럽에서 캐나다, 오스트레일리아에 이르기까지 살인율, 수감률, 상대적 빈곤율은 지난 40년에 걸쳐 대부분의 기간 동안 미국의 10~20퍼센트 수준이었다. 공화당이 휘그당의 전철을 밟아 하루 아침에 공중분해되고 민주당의 '충성스런 반대 세력'이 오른쪽이 아니라 왼쪽에서 온다면 미국은 어떻게 보일까? 미국도 서유럽 민주주의 국가들처럼 언젠가는 인간적이고 문명적으로 바뀔 수 있을까? 이렇게 되려면 사회적 계층화와 위계가 필요하다고 여기는 사람들이 사회민주주의에 위협을 느끼게 만들고 민주당 의원들이 좀 더 평등주의적인 사회 정책을 지지하는 것을 정치적으로 위험하고 수치스러운 일로 만드는 수치심의 윤리와 정면으로 맞서야 한다.

여기 요약된 통계 수치에 담긴 또 하나의 함의는 우리가 자살률과 살인율을 전 미국 차원에서 줄여서 폭력 치사를 예방하고 싶다면, 그런 폭력 행동을 저지를 가능성이 높거나 낮은 개인이 누구인지보다, 또 일단 폭력 행동이 시도되거나 저질러진 다음에, 그러니까 위험 요인에 이미 노출되고 나서야 치료를 (혹은 징역을) 제공하는 것보다, 역시 전국 차원에서 개인의 폭력 행위를 늘리는 사회·경제·정치적 위험 요인이 무엇이고 그것을 줄이는 보호 요인이 무엇인지를 파악하는 것이 훨씬 더 중요하다는 사실이다. 임상 의학에서는 개별 환자가 병에 걸린 다음에 그 환자를 치료하는 의사, 병원, 약에 강조점을 둔다. 아무리 예방 의학이 훌륭하더라도 병을 100퍼센트 예방할 수는 없기에 그런 방식이 언제나 필요하기는 하다. 그러나 지금 우리가 훨씬 강조해야 하는 것은 폭력 치사라는 전염병은 공중 보건과 예방 의학의 방향에서 접근해야 한다는 점이다. 19세기에 우리는 청결한 식수 공급과 하수 체계가 이 세상에 있는 모든 의사, 약, 병원보다 죽음을 예방하는 데 훨씬 효과적임을 깨달았다. 20세기에 우리는 식중독에 걸리고 나서 치료하는 것보다 식품이 오염되지 않도록 만전을 기하는 것이 훨씬 싸고 효과적이라는 사실을 배웠다.

같은 맥락에서 21세기에 우리는 자살, 살인이라는 전염병을 막고 다스리려면 그런 전염병과 직접적으로 결부된 불평등, 치욕, 절망이라는 병인을 줄여서 청결한 정치·경제 시스템을 만드는 것이 그런 위험 요인에 이미 노출된 사람들을 치료하거나 처벌하는 데 우리의 한정된 자원을 쏟아붓는 것보다 훨씬 효과적이라는 사실을 배

울 필요가 있다. 미국 공중위생국 질병통제예방센터는 이미 폭력예
방부를 만들었다. 이곳에서 일하는 핵심 간부 두 사람은 이런 글을
썼다.[7]

기존의 폭력 예방 자원은 폭력 행동을 유발하는 것으로 여겨지는 개
인적 변수들을 조정하려는 노력에 주로 투입된다. 폭력을 유발할 수 있
는 사회적 변수들을 바로잡는 데 기울이는 과학적·정책적 관심은 훨씬
적다. …… 그러나 과학적 연구는 뚜렷한 사회·경제적 격차가 근본적으
로 폭력의 병인이 된다는 것을 시사한다. …… 빈곤과 실질적인 취업 기
회의 결여는 …… 자존감을 떨어뜨리고 앞날에 희망을 품지 못하게 만
들고 가정 불화를 일으켜 폭력을 조장하기 십상이다. 인종주의와 남녀
차별은 사회·경제적 불균형을 악화한다. …… 좀 더 굵직한 사회·경제
적 문제를 짚어주면서 어떻게 하면 우리가 폭력을 줄일 수 있을지 길잡
이 노릇을 해줄 연구와 정책 개발에 더 관심을 기울여야 한다.

이 책에 나오는 통계 수치에 담긴 마지막 함의는 상이한 정당들
과 그 정당들이 내놓는 상이한 사회·경제 정책과 성과를 평가하는
경험적 토대를 이 통계 수치가 제공한다는 것이다. 그것은 공중 보
건, 예방 의학, 경제 통계, 전염병 통계 같은 인간과학에 기반을 둔
평가다. 지금은 정당, 후보, 정책과 관련해 의견에 기반을 둔 단언
과 예측이 훨씬 많지만 이렇게 사실에 기반을 둔 평가가 대안이 될

수 있다. 식견이 있는 사람이라면 누구나 증거에 기반을 둔 의학을 요구하는 지금, 이제는 증거에 기반을 둔 정치를 누릴 때가 되지 않았을까?

내가 하고 싶은 말은, 증명할 수도 반박할 수도 없는 도덕적·정치적 가치 판단을 입증할 수도 반증할 수도 있는 경험에 기반을 둔 사실들로 대체했을 때 비로소 많은 생명을 구할 수 있다는 것이다. 나는 단정이나 견해, 사회·정치적 이념들을 근거로 내세워 무엇이 공정하고 공정하지 않은지, 혹은 어떤 사람들이 대접받을 가치가 있고 없는지를 두고 정치적 결론을 내리려는 것이 아니다. 인간의 삶을 뒷받침하고 다지고 지탱하는 사회·정치·경제·심리적 요인과 반대로 삶을 죽음으로 이끄는 요인, 그리고 그 절차에 관한 사실에 근거를 둔 지식을 바탕으로 정치적 사유를 하고 결정을 내리는 것이 타당한 방법이라고 주장하는 것이다.

이 책에 이론적 틀과 영감을 주었고 이 책의 기본 전제가 되는 수많은 통찰을 제시한 사람 중에 19세기의 위대한 의사로 손꼽히는 루돌프 피르호(Rudolph Virchow, 1821~1902)가 있다.[8] 피르호는 의학을, 증거 못지않게 인습과 미신에 바탕을 두어서 득보다는 해를 더 끼치기 일쑤였던 관습들의 조잡한 조합에서 자연과학과 인간과학이 제공하는 경험적·이론적 토대에 바탕을 둔 현대 응용 과학으로 변모시키는 기획에 역사상 누구보다도 크게 기여한 공로자로 널리 알려진 사람이다. 피르호는 세포병리학(생체 조직 검사에서 사체 부검에 이르기까지 현대 과학의 핵을 이루는 과정에 모두 피르호의 손길이 스며 있다), 공중 보건, 예방 의학, 사회 의학(빈민의 주거와 영양을 개선하는 일부터 베를린에서는 처음으로 위생적이고 오염되지 않은 상하수도 시설을 설계한 일에 이르기까지) 같은 의학의 중요한 전문 분과를 설립한 주역 중 한 명이다. 또 인류학이라는 사회과학을 만들어낸 개척자의 한 사람으로 널리 알려졌지만 그 시대의 진보 정치에도 마찬가지로 중요한 기여를 했다. 피르호에게 정치 활동은 의사로서 자신의 역할을 다하고 질병을 고치는 것과 불가분의 관계에 놓여 있었다. 가령 〈오버슐레지엔의 티푸스 발생에 관한 보고〉(1848)에서 그는 전염병은 식품, 주거, 의복 관련 법을 조금 바꾼다거나 약으로 개별 환자를 치료하는 것만으로는 해결할 수 없고 (주로) 가난한 사람들의 여건을 사회·경제적으로 한꺼번에 끌어올리는 급진적인 정책을 통해서만 해결할 수 있다고 썼다. 이 결론은 미국이 주기적으로 겪는 살인과 자살이라는 전염병에 관해 이 책에서 내가 말하는 내용과 동일하다. 젊은 시절 피르호는 1848년 혁명 세력의 일원으로 싸웠고 나중에는 베를린에서 비스마르크에 맞서 다년간 야당 의원으로 활동했다. 가슴을 울리는 피르호의 대범한 발언을 인용하면서 이 책을 끝맺을까 한다.

의학의 진보는 궁극적으로 사람의 생명을 연장하겠지만 사회적 여건의 개선은 이러한 결과를 더 신속하게 더 성공적으로 성취할 수 있다.[9]

(바로 그래서) 의사는 본디 가난한 사람의 변호인이고 사회 문제는 넓게 보면 의사의 영역에 들어간다. 인간을 다루는 과학으로서 의학은 사회 문제를 자신의 문제로 인식하고 문제를 해결할 수단을 제시해야 할 책임이 있다. 의학통계학은 우리의 측정 기준이 될 것이다. 우리는 생명의 무게를 생명으로 달고 어디에 시신이 더 두텁게 쌓였는지를 볼 것이다. …… 의학은 사회과학이고 정치는 규모를 키운 의학일 뿐이다.[10]

자료는 얼마나 정확하고 완전한가?

미국은 인구 동태 통계 자료를 1900년부터 해마다 펴내기 시작했지만 당시 48개였던 미국의 전체 주에서 통계를 산출한 것은 1933년부터였다. 첫해인 1900년은 주로 뉴잉글랜드 지역의 10개 주에서만 자료를 뽑았다. 그 뒤로 해마다 다른 주들을 추가해서 1933년에는 48개 주를 모두 다루었다. 선거로 공화당에서 민주당으로 정권이 바뀐 (태프트에서 우드로 윌슨으로) 1912년에는 22개 주가 포함되었고 그 다음에 정권이 바뀐 (윌슨에서 공화당의 하딩으로) 1920년에는 34개 주가 들어갔으며 루스벨트가 당선된 1932년에는 48개 주 중에서 1개 주(텍사스)만 빠졌다.

그러나 그렇게 많은 주가 처음에 포함되지 않았다는 사실은 언뜻 보기와는 달리 여러 가지 이유에서 내가 이 책에서 제시하는 연구 작업에 큰 걸림돌이 되지는 않는다. 첫째, 폭력 치사 발생률은 각각 1900년, 1910년, 1920년에 처음으로 사망 신고 지역으로 편입된 주들에서도 별도로 보고되었고 이 기록은 모든 주가 포함된 1933년을 거쳐 1940년까지 작성되었다. 이 기록들을 살펴보면 모든 주가 동일한 양상을 보여준다. 공화당이 정권을 잡았을 때 (1900~1912년, 1921~1932년) 폭력 치사 발생률의 순누적분이 증가하고 민주당이 정권을 잡았을 때(1913~1920년) 순누적분이 감소한다. 두 당은 얼마나 많은 주를 포함시켰는가와는 무관하게, 즉 표본이 작았을 때나 표본이 컸을 때나 미국 전체를 표본으로 삼았을 때 모두 똑같이 폭력 치사 발생률을 끌어올리거나 끌어내렸다. 그런 점에서 이 주들의 '표본' 하나하나는 적어도 우리가 여기서 다루는 더 큰 문제, 곧 폭력 치사 발생률이 공화당 정권 때 올라가고 민주당 정권 때 내려가는가 하는 문제와 관련하여 미국 전체의 추세를 반영했다.

둘째, 모든 주들을 조사 대상에 집어넣은 1933년부터의 자료만 살핀다 하더라도 78년에 걸친 엄청난 양의 자료가 모이는데 이것을 분석해도 똑같은 결과가 나온다. 공화당 때 폭력 치사 발생률이 급증하고 민주당 때 폭력 치사 발생률이 급감한다. 이 이야기는 곧 1933년까지의 자료에서 알아낼 수 있는 것은 뭐든 알아내는 것이 좋겠지만 이런 양상을 입증하기 위해서 굳이 1900년까지 거슬러 올라가지 않아도 된다는 뜻이다.

세 번째로 지적할 수 있는 것은 미국 전체의 폭력 치사 발생률에 각 주가 기여한 비율이 세월이 흘러도 굉장히 안정적이라는 사실이다. 가령 남부 주들은 언제 측정하더라도 살인율이 유난히 높기로 유명하다. 19세기 전반기에도 그렇고 지금도 그렇다. 반면에 뉴잉글랜드 주들은 살인율이 언제나 낮은 편에 들어갔고, 서부 주들은 자살률이 유난히 높게 나온다. 그리고 우리는 1933년부터는 48개 주 각각의 실제 폭력 치사 발생률을 알고, 1900년부터는 점점 늘어나는 주들의 표본이 보여주는 폭력 치사 발생률을 안다. 마지막으로 우리는 주어진 모든 해의 각 주의 인구 규모와 그 안의 연령 분포도 안다.

뉴잉글랜드 주들의 살인율이 언제나 나라 전체의 살인율보다 낮았음을 알기에, 예를 들면 1900년에 뉴잉글랜드 주들에서 나온 수치를 바탕으로 예상한 살인율은 그 해의 실제 전국 살인율보다 거의 틀림없이 낮을 것이라고 전제하는 것이 합리적일 수밖에 없다. 그렇다면 이제 남은 문제는 다른 주들의 빠진 자료를 어떻게 보정하느냐다. 더글러스 에크버그(Douglas Eckberg)는[1] 다양한 경제 자료의 미래 동향을 성공적으로 예측해낸 정교한 계량경제학적 통계 방법론을 써서 1900년부터 1932년까지 미국의 전국 살인율을 엄밀하게 '사후 예측'했는데, 이 자료는 대부분의 범죄학자와 전염병학자들에게 해당 기간의 누락된 살인 추세를 짚어주는 '보편적 기준'으로 받아들여진다.[2] 나는 보고된 자살 수치를 재계산한 자료를 달리 알지 못하므로 에크버그와 비슷한 방식으로 자살률을 계산하는 방법을 고안했다. (물론 군이 계산하지 않더라도 20세기 초반에 보고된 자살 수치가 살인 수치와 마찬가지로 전국의 진짜 자살률에서 크게 벗어나지 않으리라고 믿을 수 있는 이유는 너무나 많다. 뉴잉글랜드와 미국 나머지 지역의 자살률 격차는 살인율 격차만큼 크지 않기 때문이다.)

우리는 1933년부터 완전한 전국 자살률과 좀 더 작은 범위의 표본(1900년부터 집계한 10개 주, 1912년부터 헤아린 22개 주, 1920년부터 계산한 34개 주) 하나하나에 나타난 자살률의 차이를 안다. 작은 범위의 표본들이 조사 기간 전체에 걸쳐 똑같은 비율로 전체 자살률에 기여했다고 가정하면 1900년부터 1932년까지의 실제 전국 자살률이 보고된 자살률이 나타내는 것보다 얼마나 낮았을지 쉽게 계산할 수 있다.

또한 (대부분 뉴잉글랜드에 있는) 처음 10개 주(1900년 표본)의 살인율은 전국 살인율보다 낮았지만 이곳의 자살률은 전국 자살률보다 높았다. 그래서 보정하지 않은 전체 폭력 치사 발생률(자살률 더하기 살인율)은 자살률 하나나 살인율 하나만 따졌을 때와 마찬가지로 진짜 전국 비율이라고 우리가 가정하는 수치에서 별로 벗어나지 않는다. 자살률이 고평가되고 살인율이 저평가되어 서로 조금씩 상쇄하는 바람에 전체 폭력 치사 발생률은 살인율이나 자살률 하나를 가지고 추정할 때보다 진짜 비율에 더 가깝게 측정되는 것이다.

우리는 정부가 1900년부터 1932년까지 발표한 인구 동태 통계보다 보정된 살인과 자살 통계 수치(조정된 수치는 1933년 이후로 우리가 48개 주로 이루어진 전체 표본에 대해 갖고 있는 더 정확한 통계 수치에 근거한다)가 더 정확하다고 충분히 믿을 만한 근거가 있으므로 그 수치를 사용하기로 했다. 내가 처음 본 통계 수치는 홀링거가 낸 보정하지 않은 통계 수치였으므로 나는 그것도 그림 B1에 포함시켰다(부록 B에 나온다). (자살) 통계 수치의 보정에는 나도 관여했으므로, 에크버그의 보정치와 나의 보정치 둘 다 보정되지 않은 정부 통계보다 공화당에 유리한 결과를 보여준다는 점을 강조하고 싶다. 다시 말해서 보정되지 않은 수치에만 의존했을 경우 1933년 이전까지 미국에서 공화당 집권기의 폭력 치사 기록은 보정치에 의존했을 때보다도 안 좋게 나올 것이다. 비보정치(그림 B1)와 보정치(그림 1.1)를 비교하면 1933년 이전에 원래 정부가 펴낸 핵심 통계에 들어간 수치를 보정치와 비교했을 때는 공화당 정부 당시 인구 10만 명당 연간 자살률이 0.9명, 살인율은 2.8명 높게 나와서 전체적으로는 폭력 치사 발생률이 3.7명 더 높게 나온다. 그리고 두 당이 보여주는 폭력 치사 발생률의 차이도 보정치에 따르면 19.9명으로 나오지만 비보정치는 두 당의 차이를 23.1명으로 훨씬 높게 (잘못) 알려준다. 따라서 1900년부터 1932년에 이르는 시기의 보정치를 사용하지 않을 경우 공화당은 불이익을 받을 것이다. 공화당이 추진한 정책의 결과는 원래의 통계 수치에서 나타난 것처럼 참담하지는 않았다. 그렇지만 보정치, 비보정치 모두 세 가지 폭력 치사 발생률

(자살, 살인, 자살과 살인의 합계)이 공화당 정부 때 올라가고 민주당 정부 때 내려가며, 측정 기간이 길어질수록 공화당의 누적 증가분이 더 커지고 민주당의 누적 감소분이 더 커진다는 절대 불변의 사실을 일관성 있게 보여준다(나는 이것을 '8광 빈용 폭선'이라고 불렀다).

최대한 공정하고 포괄적인 통계 수치를 산출하기 위해 나는 모두 네 가지 자료 집단을 비교하고 분석했다.

- 1900~2007년의 (원래 보고된) 비보정된 폭력 치사 발생률. 1900년부터 1932년까지는 점점 범위가 늘어났지만 불완전한 주들의 표본에 근거했다(그림 B1).
- 1900~1932년까지 모든 주가 전국 사망 신고 지역에 포함되지 않았기 때문에 생겨난 왜곡을 감안하여 이 시기의 수치를 보정한 1900~2007년의 폭력 치사 발생률(그림 1.1).
- 그 전까지 사망 신고 제도에 포함되지 않았던 주들이 대통령 선거가 있던 해에 잇따라 포함되면서 조금씩 늘어난 표본들에 나오는 사망률(1900~1940년, 1912~1940년, 1920~1940년, 1933~1940년).
- 1933년부터 2007년까지의 48개 주 모두(나중에는 50개 주)의 폭력 치사 발생률.

내가 발견한 것은 네 자료 집단에서 모두 같은 결과가 나왔다는 사실이었다. 자살률과 살인율 모두 공화당 정부 때 순누적 증가를 보였고 민주당 정부 때 순누적 감소를 보였으며 이 모든 차이는 통계적으로 유의했다. 이 놀라운 사실은 집권당과 사망률의 이 연관성이 실제로 아주 강력하고 견고함을 새삼 암시한다. 가장 정확하고 포괄적이며 왜곡되지 않은 수치를 얻기 위해 자료를 아무리 잘게 자르고 다져도 나오는 결과는 언제나 같다. 공화당 정부 때는 자살률과 살인율, 이 둘의 합계가 순누적 증가세를 보이고 반면 민주당 정부 때는 순누적 감소세를 보인다.

혹시 오해가 생길까 봐 밝혀 두자면 이 책에서 검토하는 사망률은 '연령 보정'을 한 것이다. 이것이 중요한 까닭은 폭력은 다른 대부분의 사망 원인과 마찬가지로 나이의 영향을 크게 받기 때문이다. 살인율은 청년층에서 더 높고(살인자와 피살자 모두) 자살률은 노인층에서 더 높다. 그래서 특정 폭력 유형에 취약한 연령대가 전체 인구에서 차지하는 비율이 달라지면 '베이비붐' 같은 일시적인 인구 분포 변화로 사망률이 변동한 것을 마치 집권당의 교체 같은 외부 환경에 생긴 변화로 인해 달라진 것처럼 오해를 할 수 있다. '연령 보정'은 그런 왜곡이 일어나는 것을 막기 위해 같은 인구 집단 안의 연령 분포를 통계적 목적으로 일정하게 만드는 것이다. 그렇게 해야만 통계에서 보고되는 폭력 치사 발생률의 큰 변화가 그 나라의 인구 집단 속에서 특정 연령에 도달한 사람들의 비율이 많이 달라졌기 때문에 생긴 현상이 아니라고 확신할 수 있다.

금융 자료를 여러 해에 걸쳐 비교할 때, 가령 '1980년 달러'를 기준으로 달러 가치를 환산하여 인플레이션으로 인한 차이를 없애는 것도 원리적으로는 똑같다. 목적은 어디까지나 상대 비교를 하는데 있으므로 달러 구매력의 기준 연도를 1980년으로 삼느냐 1990년으로 삼느냐 2000년으로 삼느냐는 차이가 없다. 중요한 것은 한해를 정해서 일관되게 그 해를 기준으로 삼는 것이다.

내가 연령 보정의 기준으로 삼은 해는 1940년이었다. 2007년에서 좀 멀어 보일지 모르지만 나는 여러 가지 이유에서 1940년이 가장 낫다고 생각했다. 첫째, 1999년까지 국립보건통계원이 기준으로 삼도록 권고한 해가 바로 이 해였고 1900년부터 모든 인구 동태 통계가 이 시점까지 집적되었다. 둘째, 연구 대상으로 삼는 대부분의 해에 2000년이라는 해보다 시간적으로 더 가깝다. 셋째가 가장 중요한 이유인데, 이 책에서 내가 던지는 질문들에 아무런 차이를 가져오지 않기 때문이다. 다시 말해서 20세기를 통틀어서 (그리고 21세기 초도 포함해서) 정당과 폭력 치사 발생률의 관계를 탐구하는 연구 결과를 조금도 왜곡하지 않기 때문이다. 1940년을 연령 보정의 기준 연도로 삼건 2000년을 기준 연도로 삼건 이 당이나 저 당에서 폭력 치사 발생률이 늘어나고 줄어드는 비율은 똑같은 추세를 보일 것이다. 1940년을 연령 보정 기준으로 삼은 자료만큼이나 1970년 또는 2000년을 기준으로 삼은 자료도 쉽게 인터넷으로 내려 받을 수 있고 실제로 나도 그것을 분석해보았지만 내가 이 책에서 던진 질문의 답은 달라지지 않았다. 연령 보정의 기준 연도를 언제로 삼았느냐와는 무관하게 세 가지 폭력 치사 발생률 모두 공화당 때는 순누적 증가세를 보였고 민주당 때는 순누적 감소세를 보였다. 그래서 기준이 되는 한 해는 임의로 잡을 수 있지만 연구의 일부에는 1940년을 기준으로 썼다가 연구의 다른 부분에서는 2000년을 써서는 곤란하므로 사망률을 연도별로 비교할 때는 일관되게 1940년을 기준으로 잡았다.

나는 왜 미국 연방수사국(FBI)이 간행하는 통계 《종합 범죄 보고》를 내 살인 통계 수치를 내는 데 활용하지 않았을까? 대답은 아주 간단하다. 연방수사국 통계는 경찰 보고에만 의존할 뿐 미국의 모든 사법 당국으로부터 자료를 받지 않을뿐더러 연령 보정 자료를 제공하는 것도 아니어서 국립보건통계원이 작성한 인구 동태 통계 자료만큼 완전하지도 않고 정확하지도 않다. 《종합 범죄 보고》의 목적이 주로 다양한 범죄(그중 상당수는 죽음으로 이어지지 않는 한 경찰에 보고되지 않으며 상당수의 가해자는 붙잡히지 않는다)를 저지른 '가해자'에 대해 (불완전한 대로) 우리가 가진 정보를 제공하는 것이라면, 나는 알려진 모든 폭력 치사의 희생자에 대해서 묻고 그들의 수를 모두 헤아리려고 한다. 끝으로 연방수사국의 《종합 범죄 보고》는 자살에 관한 정보도 제공하지 않는다. 지난 몇 세기 동안 자살은 범죄로 여겨졌지만 이제 더는 그렇게 여겨지지 않기 때문이다.

반면에 국립보건통계원은 희생자들을 수치에 포함한다. 그래서 폭력에 의한 죽음이건 아니건 간에 이 나라에서 일어난 것으로 알려진 모든 죽음을 계산하고 모든 검시관, 부검의, 사망 확인서 발급사로부터 사망 원인을 통보받아 자료를 구축한다. 인간이 하는 일이기에 완벽할 수야 없겠지만 그래도 국립보건통계원의 자료는 사망률에 관해 《종합 범죄 보고》와 비교가 안 될 정도로 믿을 만하고 포괄적이고 정확하다. 내 생각에 과학 연구에 쓰이기에 충분할 만큼 정확한 자료원으로는 국립보건통계원의 인구 동태 통계 자료가 유일하다. 하지만 가해자에 대한 정보만 얻고 싶다면 《종합 범죄 보고》는 비록 불완전하기는 해도 우리가 가진 가장 광범위한 자료원이다. 《종합 범죄 보고》를 내는 목적 역시 가해자 정보를 제공하는 데 있다.

그림과 표

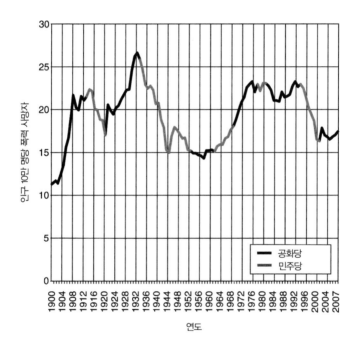

연도

그림 B1　　1900년부터 2007년까지의 폭력 치사 발생률. 1900년부터 1932년까지는 1940년을 기준 연도로 삼아 연령을 보정한 수치. 1933년 전에는 포함되지 않은 일부 주들을 고려하여 보정하지 않은 자료.

출처: 홀링거,《미국의 폭력 사망(Violent Death in the United States)》

표 B1 : 1900년부터 2008년까지 민주당 대통령 시기와 공화당 대통령 시기의 실업률

정당	대통령	연도	임기 초 실업률(%)	임기 말 실업률(%)	증감
공화당	매킨리, T. 루스벨트, 태프트	1900~1912	5.0	5.9	+0.9
민주당	윌슨	1913~1920	5.0	5.8	−0.7
공화당	하딩, 쿨리지, 후버	1921~1932	5.2	22.9	+17.7
민주당	F. 루스벨트, 트루먼	1933~1952	22.9	3.0	−19.9
공화당	아이젠하워	1953~1960	3.0	5.5	+2.5
민주당	케네디, 존슨	1961~1968	5.5	3.6	−1.9
공화당	닉슨, 포드	1969~1976	3.6	7.7	+4.1
민주당	카터	1977~1980	7.7	7.2	−0.5
공화당	레이건, 아버지 부시	1981~1992	7.2	7.5	+0.3
민주당	클린턴	1993~2000	7.5	4.0	−3.5
공화당	아들 부시	2001~2008	4.0	5.8	+1.8

순변화 : 공화당 +27.3%, 민주당 −26.5%
두 당의 순누적 차이 : 53.8%
출처 : 미국 노동부 노동통계국

표 B2 : 1948년부터 2003년까지 전후 미국에서 민주당 대통령 시기와 공화당 대통령 시기의 실업 기간

정당	대통령	연도	임기 초 평균 실업	임기 말 평균 실업	증감
민주당	트루먼	1948~1952	8.6주	8.4주	−0.2
공화당	아이젠하워	1953~1960	8.4주	12.8주	+4.4
민주당	케네디, 존슨	1961~1968	12.8주	8.4주	−4.4
공화당	닉슨, 포드	1969~1976	8.4주	15.8주	+7.4
민주당	카터	1977~1980	15.8주	11.9주	−3.9

공화당	레이건, 아버지 부시	1981~1992	11.9주	17.7주	+5.8
민주당	클린턴	1993~2000	17.7주	12.6주	−5.1
공화당	아들 부시	2000~2003	12.6주	19.6주	+7.0

순변화 : 공화당 +24.6주, 민주당 −13.6주
두 당의 순누적 차이 : 38.2주(9개월)
출처 : 미국 노동부 노동통계국

표 B3 : 적색 주 대 청색 주
2000년과 2004년 민주당과 공화당의 주별 투표 양상에 따른 폭력 치사 발생률 차이

2000	적색 주(30개)		청색 주(20개)		통계적 유의 수준	
사망자 (10만 명당)	평균	표준편차	평균	표준편차	T	p
살인	5.70	2.85	4.23	2.43	1.90	0.064
자살	13.0	2.89	10.0	2.95	3.57	0.001*
종합	18.7	3.80	14.2	4.02	4.01	0.000*
2004	적색 주(31개)		청색 주(19개)		통계적 유의 수준	
사망자 (10만 명당)	평균	표준편차	평균	표준편차	T	p
살인	5.70	2.67	4.01	2.15	2.38	0.021*
자살	13.9	3.19	10.2	2.70	4.28	0.000*
종합	19.6	4.04	14.2	2.90	5.16	0.000*

* = 유의
출처 : 미국 공중위생국 질병통제예방센터 국립보건통계원

머리말 죽음과 정치의 미스터리

1) 2010년 10월 8일 Snopes.com/business...superbowl.asp에서 다운로드.

2) James Gilligan, 《폭력 : 국가 전염병에 관한 성찰(Violence : Reflections on a National Epidemic)》, New York : Vintage Books, 1997. 처음에는 《폭력 : 우리가 걸린 치명적 전염병과 그 원인(Violence : Our Deadly Epidemic and Its Causes)》, New York : Grosset/Putnam, 1996으로 간행되었다. 또 James Gilligan, 〈수치, 죄의식, 폭력(Shame, Guilt and Violence)〉, Social Research, 70(4) : 1149~1180, 2003도 보라. ·

1장 삶과 죽음의 문제

1) 전쟁이 살인율에 끼치는 영향에 대한 논평은 Dane Archer·Rosemary Gartner, 〈폭력 행위와 폭력 시대(Violent Acts and Violent Times)〉, 《국가 비교 관점에서 본 폭력과 범죄(Violence and Crime in Cross-National Perspective)》, New Haven, CT : Yale University Press, 1984, 4장(63~97쪽)을 보라. 저자들은 대부분의 국가에서 전후에 살인율이 지속적으로 올라가는 증거를 찾아냈다. 그러나 분명히 미국에서는 2차 세계대전이 끝나고 나서 그런 현상이 나타나지 않았다. 살인율은 1944년에 5명에서 1946년에 6.4명으로 딱 두 번 1945년과 1946년에만 올라갔고 그

다음부터는 해마다 감소세를 보였다. 1951년이면 전쟁 중 가장 낮았던 수준보다 더 낮은 4.9명으로 내려갔고 1953년부터 1964년까지 내내 5명보다 낮은 수준을 유지했다. 살인율이 전염병 수준으로 다시 올라간 것은 공화당으로 정권이 넘어간 1969년 이듬해인 1970년부터였고 그 뒤로 클린턴 때 민주당으로 정권이 나시 넘어길 때까지 줄곧 전염병 범위를 벗어나지 못했다. 2차 세계대전 이전 시기, 2차 세계대전 시기, 2차 세계대전 이후 시기의 자살률도 방금 설명한 살인율과 기본적으로 같은 추세를 보였고 이 책에서 살펴보는 모든 시기에서도 역시 같은 추세를 보였다.

2) Joseph W. Eaton·Robert J. Weil, 《문화와 정신 이상(Culture and Mental Disorders)》, Glencoe, IL : The Free Press, 1955; Bert Kaplan and Thomas F. Plaut, 《공동체 사회의 인격 : 후터라이트의 정신 건강 분석(Personality in a Communal Society : An Analysis of the Mental Health of the Hutterites)》, Lawrence, KS : University of Kansas Press, 1956; John A. Hostetler, 《후터라이트 사회(Hutterite Society)》, Baltimore, MD : Johns Hopkins University Press, 1974; John A. Hostetler and Gertrude Enders Huntington, 《북아메리카의 후터라이트(The Hutterites in North America)》, Fort Worth : Harcout Brace, 1996; John A. Hostetler, 《후터라이트의 삶(Hutterite Life)》, Scottdale, PA : Herald Press, 1983.

3) 이런 일반화에서 벗어나는 두 가지 예외가 있다. 둘 다 종단 연구가 아니라 횡단 연구이며 학술지가 아니라 대중 매체(신문과 대중 잡지)에 실렸다. 〈Harvard Mental Health Letter〉의 편집자인 심리학자 마이클 밀러(Micahel Miller)는 〈보스턴 글로브〉 칼럼에서 2000년에 아들 부시에게 표를 던진 '적색 주들'이 민주당 성향의 '청색 주들'보다 자살 빈도가 높다고 지적했다('미국의 자살 지도A Suicide Map of the U.S.', 2004년 8

월 22일). 비슷한 내용으로 제임스 울콧(James Wolcott)은 자살 말고도 폭력 범죄와 그밖의 수많은 사회 병리 징후가 최근에 와서 청색 주들보 다 적색 주들에서 더 흔해졌음을 보여주는 많은 증거를 열거했다('적색 주 바빌론Red State Babylon', Vanity Fair, 2006년 11월, 162쪽).

2장 자살과 살인의 진짜 범인, 불평등

1) Holinger, 《미국의 폭력 사망(Violent Deaths in the United States)》, 186쪽.

2) 1900년부터 2007년까지 미국의 실업률과 세 개의 사망률이 보여주는 상 관도 수치를 보면 다음과 같다. 살인율의 경우 실업률과의 연관성이 순 전히 우연 때문에 생겼을 확률은 5퍼센트 미만, 자살률의 경우 실업률과 의 연관성이 순전히 우연 때문에 생겼을 확률은 1퍼센트 미만, 전체 폭력 치사 발생률의 경우 실업률과의 연관성이 순전히 우연 때문에 생겼을 확 률은 1퍼센트 미만.

3) William Julius Wilson, 《일이 사라질 때 : 새로운 도시 빈민의 세계 (When Work Disappears : The World of the New Urban Poor)》, New York : Vintage, 22쪽.

4) Ching-Chi Hsieh·M. D. Pugh, 〈빈곤, 소득 불평등, 폭력 범죄 : 최근 집 계된 자료들에 대한 메타분석(Poverty, Income Inequality, and Violent Crime : A Meta-Analysis of Recent Aggregate Data Studies)〉, Criminal Justice Review, 18 : 182-202, 1993; Ichiro Kawachi·Bruce P. Kennedy· Richard G. Wilkinson 엮음, 《사회와 인구 보건논총 1권 : 소득 불평등 과 건강(The Society and Population Health Reader vol. 1 : Income Inequality and Health)》, New York : The New Press, 1999, 278~296쪽.

5) Richard Wilkinson·Kate Pickett, 《영혼의 수준 : 왜 더 큰 평등이 사회

를 강하게 만드나(The Spirit Level : Why Greater Equality Makes Societies Stronger)》, New York : Bloomsbury Press, 2009, 특히 10장 〈폭력 : 존엄성 획득(Violence : Gaining Respect)〉, 129~144쪽; Richard Wilkinson, 〈불평등이 큰 곳에서 왜 폭력이 빈발하나(Why is Violence More Common Where Inequality is Greater?)〉, 1~12쪽, 《청소년 폭력 : 예방을 위한 과학적 접근(Youth Violence : Scientific Approaches to Prevention)》, Vol. 1036, Annals of the New York Academy of Sciences, John Devine·James Gilligan·Klaus A. Miczek·Rashid Shaikh·Donald Pfaff 엮음, 2004.

6) Steven F. Messner·Richard Rosenfeld, 〈사회 구조와 살인(Social Structure and Homicide)〉, 27~41쪽, M. Dwayne Smith·Margaret A. Zahn 엮음, 《살인 : 사회 연구 자료집(Homicide : A Sourcebook of Social Research)》, Thousand Oaks, CA, London/New Delhi : SAGE Publications, 1999, 30쪽.

7) Gary LaFree·K. A. Drass, 〈흑인과 백인의 체포율 변화에 인종 내 소득 불평등과 학력 변화가 끼치는 영향, 1957년부터 1990년까지(The Effect of Changes in Intraracial Income Inequality and Educational Attainment on Changes in Arrest Rates for African Americans and Whites, 1957 to 1990)〉, American Sociological Review, 61 : 614~634, 1996.

8) Pablo Fajnzylber·Daniel Lederman·Norman Loayza, 〈불평등과 폭력 범죄(Inequality and Violent Crime)〉, Journal of Law and Economics, 45 : 1~40, 2002.

9) Kenneth C. Land·Patricia L. McCall·Lawrence E. Cohen, 〈살인율의 구조 공변량 : 시간과 사회적 공간에 걸쳐 어떤 불변량이 존재하

는가?(Structural Covariates of Homicide Rates : Are There Any Invariances across Time and Social Space?)〉 The American Journal of Sociology, 95(4) : 922~963, 1990년 1월, 951쪽.

10) Edward N. Wolff, 《가분수 경제 : 미국의 늘어나는 부의 불평등을 어떻게 할 것인가(Top Heavy : The Increasing Inequality of Wealth in America and What Can Be Done about It)》(20세기 재단 보고서의 보완판), New York : The New Press, 1996.

11) 이쪽 문헌을 더 깊이 알아보는 데 관심이 있는 사람을 위해서 조금 덧붙이자면 치리코스는 63개의 연구 중에서 수치상으로도 방법론상으로도 실업률과 살인율의 관련성이 부정적으로 나타난 연구보다 통계적으로 유의한 긍정적 연관성이 발견된 연구가 훨씬 많았다고 결론지었다. Theodore G. Chiricos, 〈범죄율과 실업률 : 종합 연구 증거 분석(Rates of Crime and Unemployment : An Analysis of Aggregate Research Evidence)〉, Social Problem, 34(2) : 187~212, 1987년 4월.

3장 보수는 경제에 강하고, 진보는 경제에 약한가?

1) "가진 분들과 더 가진 분들을 이렇게 뵈니 감개무량합니다. 여러분을 엘리트라고 부르는 사람도 있지만 저는 여러분을 저의 기반이라고 부릅니다." CBS 뉴스, 〈부시와 고어 뉴욕에서 맞붙다(Bush and Gore do New york)〉, 2002년 10월 18일. www.cbsnews.com/stories/2000/10/18/politics/main24220.shtml.

2) James K. Galbraith, 《불평등의 창조(Created Unequal : The Crisis in American Pay)》, New York : The Free Press, 1998, 148쪽.

3) 같은 책, 147~149쪽.

4) 부록 B의 표 1을 보라.

5) Larry M. Bartels, 《불평등한 민주주의 : 새로운 도금 시대의 정치경제학 (Unequal Democracy : The Political Economy of the New Gilded Age)》, New York : Russell Sage Foundation, 2007, 48쪽, 표 2.4.

6) 부록 B의 표 2를 보라.

7) Bartels,《불평등한 민주주의》, 48~49쪽(표 2.4와 그림 2.3 포함).

8) 같은 책, 30쪽.

9) 같은 책, 36쪽.

10) Douglas Hibbs, 《미국의 정치경제학 : 거시경제학과 선거 정치(The American Political Economy : Macroeconomics and Electoral Politics)》, Cambridge, MA : Harvard University Press, 1987, 218쪽.

11) Bartels,《불평등한 민주주의》, 48~49쪽.

12) Theodore G. Chiricos, 〈범죄율과 실업률(Rates of Crime and Unemployment)〉, 187쪽.

13) 같은 책.

14) Daniel Hojman·Felipe Kast, 〈소득 역학의 측정(On the Measurement of Income Dynamics)〉, Harvard University, Kennedy School Working Paper, 2009년 10월.

15) Jacob Hacker·Paul Pierson, 〈1970년대의 가려진 혁명(The Unseen Revolution of the 1970s)〉, 95~115쪽, 《승자 독식의 정치 : 워싱턴 은 어떻게 부자를 더 부자로 만들었나―그리고 중산층에게서 등 을 돌렸나(Winner-Take-All Politics : How Washington Made the Rich Richer―And Turned Its Back on the Middle Class)》, New York : Simon and Schuster, 2010.

16) Bartels,《불공평한 민주주의》, 34~36쪽.

17) Arthur Schlesinger Jr.,《제왕적 대통령(The Imperial Presidency)》,

Boston : Houghton Mifflin, 1989.

18) Richard E. Neustadt, 《대통령의 권력과 현대의 대통령(Presidential Power and the Modern Presidents : The Politics of Leadership from Roosevelt to Reagan)》, New York : The Free Press, 1990.

19) Henry Jones Ford, 《미국 정치의 성장과 성숙(The Rise and Growth of American Politics)》, New York : Macmillan, 1898, 22장, 185쪽.

20) Wolff, 《가분수 경제》

21) Michelle Alexander, 《신판 짐 크로 : 인종 색맹 시대의 대량 투옥(The New Jim Crow : Mass Incarceration in the Age of Colorblindness)》, New York/London : The New Press, 2010.

22) Sidney Blumenthal, 〈범죄는 남는 장사(Crime Pays)〉, The New York Times, 1994년 5월 9일, 44면.

23) 같은 책.

24) 같은 책.

25) 같은 책.

26) 같은 책.

27) 같은 책.

28) Klaus A. Miczek 등, 〈알코올, 약물 남용, 공격성, 폭력성(Alcohol, Drugs of Abuse, Aggression, and Violence)〉, Albert J. Reiss·Jeffrey A. Roth 등 엮음(미국과학원 산하 국가과학연구위원회, 폭력 행동의 이해와 제어를 위한 좌담회), 《폭력의 이해와 예방(Understanding and Preventing Violence)》, 3권, Washington, DC : National Academy Press, 1994, 377~570쪽. "마약과의 전쟁"이 얼마나 역효과를 냈는지 보여주는 발군의 연구가 많지만 그중에서도 특히 Steven B. Duke·Albert C. Gross, 《미국의 최장기전 : 마약과의 비극적인 십자군 전쟁을 재고한다(America'

s Longest War : Rethinking Our Tragic Crusade against Drugs)》,
New York : G. P. Putnam's Sons, 1993을 보라.

4장 수치심이 사람을 죽인다

1) Gilligan, 《폭력》i Gilligan, 〈수치, 죄의식, 폭력〉; James Gilligan,
   "특수 상황과 수치 : 심리치료 연구(Exploring Shame in Special
   Settings : A Psychotherapeutic Study)", Christopher Cordess·Murray
   Cox 엮음, 《법의학적 심리치료 : 범죄, 정신역학, 비행 환자(Forensic
   Psychotherapy : Crime, Psychodynamics and the Offender Patient)》,
   2권, London : Jessica Kingsley, 1995, 475~490쪽.

2) Franklin D. Roosevelt, 〈재선 취임 연설(Second Inaugural Address)〉,
   1937년 1월 20일, Justin Kaplan 엮음, 《바틀릿 인용 사전(Bartlett's
   Familiar Quotations)》, Boston : Little, Brown, 1992에서 인용.

3) 1982년 5월 4일 워싱턴 D.C.에서 열린 공화당 의원 만찬에서 한 발언
   (Kaplan 엮음, 《바틀릿 인용 사전》, 730쪽에서 인용).

4) Friedrich Nietzsche, 《선악의 저편(Beyond Good and Evil)》과 《도덕의
   계보(The Genealogy of Morals)》, Walter Kaufmann 엮음, 《니체 선집
   (Basic Writings of Nietzsche)》, New York : Random House, 2000을
   보라.

5) Silvan S. Tomkins, 〈우와 좌 : 이념과 인격의 기본 차원(The Right and
   the Left : A Basic Dimension of Ideology and Personality)〉, R. W.
   White 엮음, 《삶의 연구(The Study of Lives)》, New York : Atherton
   Press, 1963, 389~411쪽; 〈이념과 정서(Ideology and Affect)〉, E.
   Virginia Demos 엮음, 《정서 탐구 : 실반 톰킨스 저작선(Exploring
   Affect : The Selected Writings of Silvan S. Tomkins)》, Studies in

Emotion and Social Interaction, Cambridge : Cambridge University Press, 1995, 109~167쪽을 보라.

6) Kaplan·Plaut, 《공동체 사회의 인격》.

7) 같은 책, 30쪽과 50쪽.

8) P. Miranda, 《성서 속 공산주의(Communism in the Bible)》, Maryknoll, N.Y. : Orbis Books, 1982.

9) Eaton·Weil, 《문화와 정신 이상》.

10) Hostetler, 《후터라이트의 삶》.

5장 실직이 늘면 수치심이 커진다

1) Thomas Cottle, 《고난의 시기 : 장기 실업의 깊은 상처(Hardest Times : The Trauma of Long-Term Unemployment)》, Amherst : University of Massachusetts Press, 2001.

2) L. Major, 온라인 서점 Amazon.com의 독자 서평에서. 강조는 인용자.

3) Katherine Newman, 《내 사전에 수치는 없다 : 빈민가의 워킹 푸어(No Shame in My Game : The Working Poor in the Inner City)》, New York : Vintage Books and Russell Sage Foundation, 1999.

6장 보수 정당 지지자와 진보 정당 지지자

1) 2000년에는 적색 주가 30개였고 청색 주가 20개였으며 2004년에는 적색 주와 청색 주가 각각 31개, 19개였지만 청색 주는 도시가 많아서 인구가 더 많았으므로 전체 인구는 두 집단이 엇비슷했다. 두 번의 선거 사이에 50개 주 중 겨우 3개 주만 지지 정당을 바꾸었다. 뉴햄프셔는 2000년에 적색 주였지만 2004년에는 청색 주가 되었고 아이오와와 뉴멕시코는 2000년에 청색 주였다가 2004년에 적색 주가 되었다.

2) The Pew Research Center for the People and the Press, 〈2005년 정치 유형 분류 체계 : 빨강과 파랑을 넘어 : 공화당은 정부의 역할을 놓고 분열, 민주당은 사회적 가치와 개인적 가치를 놓고 분열(The 2005 Political Typology : Beyond Red vs. Blue : Republicans Divided about Role of Government- Democrats by Social and Personal Values)〉, 2005년 5월 10일. 2007년 8월 30일 www.people-press.org에서 다운로드.

3) 같은 책, 7쪽.

4) 같은 책, 22쪽.

5) Charles E. Silberman, 《형사 폭력과 형사 사법(Criminal Violence, Criminal Justice)》, New York : Random House, 1978, 47쪽.

6) Philip J. Cook과 Mark H. Moore는 애리조나, 콜로라도, 아이다호, 유타 등 로키 산맥이 관통하는 고지대에서 총기 소유 비율이 가장 높고 그 다음이 남부 지역과 중서부 지역이라고 보고했다(적색 주의 지리적 분포와 정확히 일치한다). 이들에 따르면 또 "총기 소유 비율은 도시 지역에서도 차이가 많이 나는데 북동부 지역(즉 청색 주) 도시들은 보통 10퍼센트 안 팎이고 산악 지역(적색 주)의 도시들은 50퍼센트가 넘는다." M. Dwayne ·Margaret A. Zahn 엮음, 《살인의 연구와 예방 : 문제와 숙제(Studying and Preventing Homicide : Issues and Challenges)》, Thousand Oaks, CA, London/New Delhi : SAGE Publications, 1999에 실린 두 사람의 논문 〈총, 총기 소유, 살인(Guns, Gun Control and Homicide)〉도 읽어 보라.

7) 이런 주제를 가장 종합적으로 다룬 책으로는 Bertram Wyatt-Brown, 《남부의 명예 : 옛 남부의 윤리와 행동(Southern Honor : Ethics and Behavior in the Old South)》, Oxford/New York : Oxford University Press, 1982와 이 책의 축약판인 《옛 남부의 명예와 폭력(Honor and

Violence in the Old South》, Oxford/New York : Oxford University Press, 1986을 보라. 또 Richard E. Nisbett·Dov Cohen, 《명예의 문화 : 남부의 폭력 심리(Culture of Honor : The Psychology of Violence in the South)》, Boulder, CO/Oxford : Westview Press, 1996과 Edward L. Ayers, 《복수와 정의 : 19세기 미국 남부의 범죄와 처벌(Vengeance and Justice : Crime and Punishment in the 19th-Century American South)》, New York/Oxford : Oxford University Press, 1984도 보라.

8) Wyatt-Brown, 《남부의 명예》, 118쪽.

9) Orlando Patterson, 《피의 제례 : 두 세기에 걸친 미국 노예제의 귀결(Rituals of Blood : Consequences of Slavery in Two American Centuries)》, New York : Basic Books, 1998.

10) Orlando Patterson, 《노예제와 사회적 죽음 : 비교 연구(Slavery and Social Death : A Comparative Study)》, Cambridge, MA : Harvard University Press, 1982와 Kenneth S. Greenberg, 《명예와 노예(Honor and Slavery)》, Princeton : Princeton University Press, 1996을 보라.

11) Ruth Benedict, 《국화와 칼 : 일본 문화의 양상(The Chrysanthemum and the Sword : Patterns of Japanese Culture)》(1946), Rutland, VT/Tokyo : Charles E. Tuttle, 1970.

12) Michelle Alexander, 《신판 짐 크로》와 Robert Perkinson, 《거친 텍사스 : 미국 감옥 문화의 부상(Texas Tough : The Rise of America's Prison Empire)》, New York : Metropolitan Books, Henry Holt and Company, 2010을 보라.

13) Julian Pitt-Rivers, 〈명예와 사회 신분(Honor and Social Status)〉, 19~77쪽 J. G. Peristiany 엮음, 《명예와 수치 : 지중해 사회의 가치

관(Honour and Shame : The Values of Mediterranean Society)》,
Chicago : University of Chicago Press, 1966, 30~31쪽; Julian Pitt-
Rivers, 〈명예〉, 503~511쪽 《국제사회과학백과사전(International
Encyclopedia of the Social Sciences)》, 1968, 509~510쪽,
14) 루스 베네딕트(《국화와 칼》)의 수치 문화와 죄의식 문화 구분과 권위주
의적 인격과 평등주의적 인격 구분(Theodore W. Adorno·E. Frenckel-
Brunswick·D. J. Levinson·R. N. Sanford, 《권위주의적 인격(The
Authorative Personality)》, New York : Harper and Row, 1950)은 처음
이론이 세워지고 나서 곧 비판가들로부터 공격을 받았다. 덕분에 이 개념
들이 다듬어졌고 지금은 다시 널리 통용되고 있다. 일본과 미국 남부만이
아니라 지중해 문화와 아랍 세계 일원을 대상으로 수치 문화와 명예 문화
를 파고든 인류학적 연구 문헌은 규모도 방대하고 아주 정교하다. Pitt-
Rivers, 〈명예〉; Pitt-Rivers, 〈명예와 사회 신분〉; J. G. Peristiany·Julian Pitt-
Rivers 엮음, 〈머리말(Introduction)〉, 《인류학 속의 명예와 영예(Honor
and Grace in Anthropology)》, Cambridge : Cambridge University
Press, 1992; Peristiany, 《명예와 수치》; Edwin O. Reischauer, 《미국과
일본(The United States and Japan)》, 3판, Cambridge, MA : Harvard
University Press, 1965; David D. Gilmore 엮음, 《명예와 수치와 지중
해 통일(Honor and Shame and the Unity of the Mediterranean)》,
Washington, DC : American Anthropological Association, 1987도
보라.

아울러 Michelle Rosaldo 엮음, 《감정의 인류학을 위하여 : 수치와 죄
의식 재고(Towards an Anthropology of the Emotions : Rethinking
Shame and Guilt)》(Proceedings of a Symposium of the American
Anthropological Association), Washington, DC : American

Anthropological Association, 1983도 보라. 로살도도 이 책에서 썼지만 "문화와 인격을 논한 문헌에 등장하는 모든 주제 중에서 단연 돋보이는 것은 죄의식과 수치심의 대립이다." (135쪽)

심리학 쪽에서는 '우파 권위주의'라는 오래된 개념의 유용성이 다시 주목을 받고 있는데 이런 경향은 Robert Altemeyer의 연구와 무관하지 않다. 특히 그가 쓴 《권위주의 유령(The Authoritarian Specter)》, Cambridge, MA/London : Harvard University Press, 1996과 《우파 권위주의(Right-Wing Authoritarianism)》, Winnipeg : University of Manitoba Press, 1981과 《자유의 적 : 우파 권위주의의 이해(Enemies of Freedom : Understanding Right-Wing Authoritarianism)》, San Francisco : Jossey-Bass, 1988도 보라. 그리고 Marc J. Hetherington · Jonathan D. Weiler, 《미국 정치의 양극화와 권위주의(Authoritarianism and Polarization in American Politics)》, Cambridge : Cambridge University Press, 2009도 보라.

15) Robert Altemeyer, 《권위주의 유령》, 291~296쪽과 292쪽 그림 11.2.

16) 여기서 인용하는 수치는 Etienne G. Krug · Linda L. Dahlberg · James A. Mercy · Anthony B. Zwi · Rafael Lozano, 《세계 폭력 보건 보고 (World Report on Violence and Health)》, Geneva : World Health Organization, 2002, 표 A.8-A.9, 308~321쪽.

17) 이 시기에 보스턴에서 벌어진 인종 갈등을 빼어나게 그려서 상을 받은 책이 있다. J. Anthony Lukas, 《공동의 장 : 미국의 세 가정이 겪은 격동의 십 년(Common Ground : A Turbulent Decade in the Lives of Three American Families)》, New York : Knopf, 1985.

18) 이 실험을 좀 더 자세히 설명한 글은 다음을 보라. James Gilligan · Bandy Lee, 〈폭력 종식 결의 프로젝트 : 교도소를 기반으로 지역 사

회 폭력 줄이기(The Resolve to Stop the Violence Project : Reducing Violence in the Community through a Jail-Based Initiative)〉, Journal of Public Health, 27(2) : 143~148, 2005년 6월; Bandy Lee · James Gilligan, 〈폭력 종식 결의 프로젝트 : 교도소를 기반으로 내부 폭력 문화 바꾸기(The Resolve to Stop the Violence Project : Transforming an In-House Culture of Violence through a Jail-Based Programme)〉, Journal of Public Health, 27(2) : 149~155, 2005년 6월; James Gilligan · Bandy Lee, 〈감옥의 패러다임을 넘어서 : '안티 감옥' 조성으로 폭력 유발을 폭력 예방으로 바꾼다(Beyond the Prison Paradigm : From Provoking Violence to Preventing It by Creating 'Anti-Prisons' (Residential Colleges and Therapeutic Communities))〉, John Devine · James Gilligan · Klaus A. Miczek · Rashid Shaikh · Donald Pfaff 엮음, 《청소년 폭력 : 예방을 위한 과학적 접근》, Annals of the New York Academy of Sciences, 1036 : 300~324, 2004; Sunny Schwartz(David Boodell 집필), 《괴물 공장에서 나온 꿈 : 감옥 이야기, 모두에게 정의를 살려주기 위한 한 여자의 투쟁과 구원(Dreams of the Monster Factory : A Tale of Prison, Redemption and One Woman's Fight to Restore Justice to All)》(James Gilligan 서문), New York : Scribner, 2009.

19) Marvin E. Wolfgang · Franco Ferracuti, 《폭력의 하위 문화(The Sub-Culture of Violence)》, Beverly Hills, CA : Sage Publications, 1982.

7장 정치가 삶과 죽음을 가른다

1) David Michaels, 《의심은 그들의 상품(Doubt Is Their Product : How Industry's Assault on Science Threatens Your Health)》, Oxford/New

York : Oxford University Press, 2008.

2) A. Page·S. Morrell·R. Taylor, "20세기 뉴사우스웨일스와 오스트레일리아에서 나타난 자살과 정권(Suicide and Political Regime in New South Wales and Australia)", Journal of Epidemiological Community Health, 56; 766~772, 2002; M. Shaw·D. Dorling·G. Davey Smith, 〈사망률과 정치 풍토 : 보수 정부 시기에 자살률이 어떻게 올라갔나(Mortality and Political Climate : How Suicide Rates Have Risen during Periods of Conservative Government, 1901-2000)〉, Journal of Epidemiological Community Health, 56 : 723~725, 2002.

3) 《과학적 발견의 논리(The Logic of Scientific Discovery)》, London : Hutchinson, 1959.

4) Jared Bernstein·Lawrence Mishel·Chauna Brocht, 〈이리 잘라도 저리 잘라도 : 어떻게 측정하더라도 커지는 불평등(Any Way You Cut It : Inequality on the Rise Regardless of How It's Measured)〉, 보고 논문, Economic Policy Institute, 날짜 미상, http://epinet.org에서 다운 로드.

5) Albert J. Reiss Jr.·Jefferey A. Roth 엮음(Panel on the Understanding and Control of Violent Behavior, National Research Council, National Academy of Sciences), 《폭력의 이해와 예방(Understanding and Preventing Violence)》, 1권, Washington, DC : National Academy Press, 1993.

6) Schwartz, 《괴물 공장에서 나온 꿈》.

7) James A. Mercy·W. Rodney Hammond, 〈살인 예방 : 공중 보건의 관점(Preventing Homicide : A Public Health Perspective)〉, 274~294쪽, Smith·Zahn 엮음, 《살인의 연구와 예방》, 290쪽.

8) L. Benaroyo, "루돌프 피르호와 의학에 대한 과학적 접근(Rudolf Virchow and the Scientific Approach to Medicine)", Endeavor, 22 : 114~117, 1998.

9) Howard Waitzkin, 〈한 세기 반의 망각과 재반건 : 사의 의학에 남긴 피르호의 유구한 업적(One and a Half Centuries of Forgetting and Rediscovering : Virchow's Lasting Contributions to Social Medicine)〉, Social Medicine, 1(1) : 5~10, 2006년 2월에서 인용. 또 Erwin H. Ackerknecht, 《루돌프 피르호 : 의사, 정치인, 인류학자(Rudloph Virchow : Doctor, Statesman, Anthropologist)》, Madison : University of Wisconsin Press, 1953, 127쪽과 Leon Eisenberg, 〈루돌프 루트비히 카를 피르호, 우리에겐 지금 당신이 필요하다고요(Rudolph Ludwig Karl Virchow, Where Are You Now That We Need You?)〉 American Medicine 159(19) : 524~532, 1984년 9월, 527쪽에서도 인용.

10) 이것은 피르호가 창간한 주간 학술지 〈Die Medizinische Reform(의료 개혁)〉의 표어이기도 하다. 마지막 문장은 Rudolph Virchow, 《병, 삶, 사람(Disease, Life, and Man)》(L. J. Rather 옮김), Stanford : CA : Stanford University Press, 1958, 6쪽에 나오는데 이 책에 실린 몇 편의 글들은 Bulletin of the History of Medicine, 30 : 436~449, 537~543, 1956에도 나온다. 이 대목은 또 George Rosen, 〈사회 의학이란 무엇인가? 개념의 발생학적 분석(What Is Social Medicine? A Genetic Analysis of the Concept)〉, Bulletin of the History of Medicine, 21 : 674~733, 1947, 676쪽과 Eisenberg, 〈루돌프 루트비히 카를 피르호〉, 525쪽에서도 인용된다. D. Pridan, 〈역사적 관점에서 본 루돌프 피르호와 사회 의학(Rudolf Virchow and Social Medicine in Historical Perspective)〉, Medical History, 8 : 274~284, 1964도 보라.

부록A 자료는 얼마나 정확하고 완전한가?

1) Eckberg, 〈20세기 초 미국 살인율 추산(Estimates of Early Twentieth-century U.S. Homicide Rates)〉

2) Margaret A. Zahn과 Patricia L. McCall은 에크버그가 보정한 1900~1932 년 시기의 자료를 나타내는 그래프를 미국 정부의《인구 동태 통계(Vital Statistics)》보고에 원래 나온 자료와 함께 싣고 1933년 이전 시기의 살인 율에 대한 에크버그의 추정치가 원래의《인구 동태 통계》보고에 집계된 수치보다 높기는 하지만 "전반적 추세는 유사하다. 두 수치 모두 시간에 따라 들쭉날쭉하기는 하나 살인율이 전반적으로 올라가며 1906년, 1921 년, 1931년에 정점에 이르는 흐름을 보여준다."고 지적한다(Margaret A. Zahn·Patricia L. McCall, 〈20세기 미국의 살인 : 추세와 양상(Homicide in the 20th-Century United States : Trends and Patterns)〉, 10~30쪽, Smith·Zahn 엮음,《자살의 연구와 예방》, 16쪽에서 15쪽 그림 2.1에 대해 언급하면서). 다시 말해서 두 도표의 모양은 에크버그의 자료가 꼭대기와 바닥이 모두 높다는 점만 다를 뿐 두 줄이 사실상 서로 평행선을 달린다 는 점에서 똑같은 양상을 보여준다. 그리고 정부의 자료 내용 안에 더 많 은 주가 들어갈수록 차이는 점점 줄어든다. 이 책이 관심을 둔 내용으로 보자면 두 도표 사이에는 이렇다 할 차이가 거의 없다. 공화당 정부 때는 살인율이 올라가고 민주당 정부 때에는 살인율이 내려간다는 점에서 둘 다 동일한 양상을 보여준다. 그렇지만 나는 에크버그의 통계 수치가 원래 간행된 통계 수치보다 더 정확할 가능성이 아주 높다고 생각하기에 각 당 의 집권기에 나타난 차이를 계산하는 데 기꺼이 이 자료를 쓰기로 했다.

Adorno, Theodor W., E. Frenkel-Brunswick, D. J. Levinson, and R. N. Sanford, *The Authoritarian Personality*, New York: Harper and Row, 1950.

Alexander, Michelle, *The New Jim Crow: Mass Incarceration in the Age of Colorblindness*, New York and London: The New Press, 2010.

Altemeyer, Robert, *Enemies of Freedom: Understanding Right-Wing Authoritarianism*, San Francisco: Jossey-Bass, 1988.

Altemeyer, Robert, *Right-Wing Authoritarianism*, Winnipeg: University of Manitoba Press, 1981.

Altemeyer, Robert, *The Authoritarian Specter*, Cambridge, MA, and London: Harvard University Press, 1996.

Ayers, Edward L., *Vengeance and Justice: Crime and Punishment in the 19th-Century American South*, New York and Oxford: Oxford University Press, 1984.

Bartels, Larry M., *Unequal Democracy: The Political Economy of the New Gilded Age*, New York: Russell Sage Foundation, 2007.

Benaroyo, L., "Rudolf Virchow and the Scientific Approach to Medicine", *Endeavor*, 22: 114-117, 1998

Bernstein, Jared, Lawrence Mishel, and Chauna Brocht, "Any Way You

Cut It: Income Inequality on the Rise Regardless of How It' s Measured", Briefing Paper, Economic Policy Institute, n.d. Downloaded from http://epinet.org

Blumenthal, Sidney, "Crime Pays", *The New Yorker*, May 9, 1994, p. 44.

Chiricos, Theodore G., "Rates of Crime and Unemployment: An Analysis of Aggregate Research Evidence", *Social Problems*, 34(2): 187-212, April 1987.

Cook, Philip J., and Mark H. Moore, "Guns, Gun Control, and Homicide", pp. 246-273 in M. Dwayne Smith and Margaret A. Zahn, eds., *Studying and Preventing Homicide: Issues and Challenges*, Thousand Oaks, CA, London, and New Delhi: SAGE Publications, 1999.

Cottle, Thomas, *Hardest Times: The Trauma of Long-Term Unemployment*, Amherst: University of Massachusetts Press, 2001.

Eaton, Joseph W., and Robert J. Weil, *Culture and Mental Disorders*, Glencoe, IL: The Free Press, 1955.

Eckberg, D. L., "Estimates of Early Twentieth-century U.S. Homicide Rates: An Econometric Forecasting Approach", *Demography* 32: 1-16, 1995.

Emerson, Ralph Waldo, *Journals*, ed. E. W. Emerson and W. E. Forbes, Boston, 1909-1914, Vol. IV.

Ford, Henry Jones, *The Rise and Growth of American Politics*, New York: Macmillan, 1898.

Galbraith, James K., *Created Unequal: The Crisis in American Pay*, New York: The Free Press, 1998.

Gilligan, James, *Preventing Violence*, London and New York: Thames and Hudson, 2001.

Gilligan, James, "Shame, Guilt and Violence", *Social Research* 70 (4): 1149–1180, 2003.

Gilligan, James, "Spare the Rod: Why Are More American Children Victims and Perpetrators of Violence than Those of Any Other Developed Country?" in James Garbarino, ed., *A Child's Right to a Healthy Environment*, New York: Springer, in press, 2010.

Gilligan, James, "The Last Mental Hospital", *Psychiatric Quarterly* 72(1): 45–61, 2001.

Gilligan, James, *Violence: Our Deadly Epidemic and Its Causes*, New York: Grosset/Putnam, 1996. (also published in paperback as *Violence: Reflections on a National Epidemic*, New York: Vintage Books, 1997.)

Gilligan, James, and Bandy Lee, "Beyond the Prison Paradigm: From Provoking Violence to Preventing It by Creating 'Anti-Prisons' (Residential Colleges and Therapeutic Communities)", in John Devine, James Gilligan, Klaus A. Miczek, Rashid Shaikh, and Donald Pfaff, eds., *Youth Violence: Scientific Approaches to Prevention*, *Annals of the New York Academy of Sciences*, 1036: 300–324, 2004.

Gilligan, James, and Bandy Lee, "The Resolve to Stop the Violence Project: Reducing Violence in the Community through a Jail-Based Initiative", *Journal of Public Health*, 27(2): 143–148, June 2005.

Gilmore, David D., ed., *Honor and Shame and the Unity of the Mediterranean*, Washington, DC: American Anthropological Association, 1987.

Greenberg, Kenneth S., *Honor and Slavery*, Princeton: Princeton University Press, 1996.

Hetherington, Marc J., and Jonathan D. Weiler, *Authoritarianism and*

Polarization in American Politics, Cambridge: Cambridge University Press, 2009.

Hojman, Daniel, and Felipe Kast, "On the Measurement of Income Dynamics", Harvard University, Kennedy School Working Paper, Oct. 2009.

Holinger, Paul C., *Violent Deaths in the United States*, New York: Guilford Press, 1987.

Hostetler, John A., *Hutterite Life*, Scottdale, PA: Herald Press, 1983.

Hostetler, John A., *Hutterite Society*, Baltimore, MD: Johns Hopkins University Press, 1974.

Hostetler, John A., and Gertrude Enders Huntington, *The Hutterites in North America*, Fort Worth: Harcourt Brace, 1996.

Hsieh, Ching-Chi, and M. D. Pugh, "Poverty, Income Inequality, and Violent Crime: A Meta-Analysis of Recent Aggregate Data Studies", *Criminal Justice Review*, 18: 182-202, 1993; reprinted as pp. 278-296 in Ichiro Kawachi, Bruce P. Kennedy, and Richard G. Wilkinson, eds., *The Society and Population Health Reader*, Vol. I: *Income Inequality and Health*, New York: The New Press, 1999.

Juergensmeyer, Mark, *Terror in the Mind of God: The Global Rise of Religious Violence*, 3rd edn. (Comparative Studies in Religion and Society, 13), Berkeley: University of California Press, 2003.

Kaplan, Bert, and Thomas F. Plaut, *Personality in a Communal Society: An Analysis of the Mental Health of the Hutterites*, Lawrence, KS: University of Kansas Press, 1956.

Kaplan, Justin, gen. ed., *Bartlett's Familiar Quotations*, Boston: Little, Brown, 1992.

Karmen, Andrew, *New York Murder Mystery: The True Story behind the Crime Crash of the 1990s*, New York: New York University Press, 2000.

Kauffman, Kelsey, *Prison Officers and Their World*, Cambridge, MA: Harvard University Press, 1988.

Krug, Etienne G., Linda L. Dahlberg James A. Morey, Anthony B. Zwi, and Rafael Lozano, *World Report on Violence and Health*, Geneva: World Health Organization, 2002.

LaFree, Gary, and K. A. Drass, "The Effect of Changes in Intraracial Income Inequality and Educational Attainment on Changes in Arrest Rates for African Americans and Whites, 1957 to 1990", *American Sociological Review*, 61: 614-634, 1996.

Land, Kenneth C., Patricia L. McCall, and Lawrence E. Cohen, "Structural Covariates of Homicide Rates: Are There Any Invariances across Time and Social Space?" *The American Journal of Sociology*, 95(4): 922-963, Jan., 1990.

Lee, Bandy, and James Gilligan, "The Resolve to Stop the Violence Project: Transforming an In-House Culture of Violence through a Jail-Based Programme", *Journal of Public Health*, 27(2): 149-155, June 2005.

Lukas, J. Anthony, *Common Ground: A Turbulent Decade in the Lives of Three American Families*, New York: Knopf, 1985.

Major, L., customer review of Thomas J. Cottle, *Hardest Times: The Trauma of Long-Term Unemployment*. Downloaded from Amazon.com: Books

Mercy, James A., and W. Rodney Hammond, "Preventing Homicide: A Public Health Perspective", pp. 274-294 in M. Dwayne Smith and

Margaret A. Zahn, eds., *Studying and Preventing Homicide: Issues and Challenges*, Thousand Oaks, CA, London, and New Delhi: SAGE Publications, 1999.

Messner, Steven F., and Richard Rosenfeld, "Social Structure and Homicide", pp. 27-41 in M. Dwayne Smith and Margaret A. Zahn, eds., *Homicide: A Sourcebook of Social Research*, Thousand Oaks, CA, London, and New Delhi: SAGE Publications, 1999.

Michaels, David, *Doubt Is Their Product: How Industry's Assault on Science Threatens Your Health*, Oxford and New York: Oxford University Press, 2008.

Miller, Michael, "A Suicide Map of the U.S.", *Boston Globe*, August 22, 2004

Miranda, P., *Communism in the Bible*, Maryknoll, NY: Orbis Books, 1982.

Neustadt, Richard E., *Presidential Power and the Modern Presidents: The Politics of Leadership from Roosevelt to Reagan*, New York: The Free Press, 1990.

Newman, Katherine, *No Shame in My Game: The Working Poor in the Inner City*, New York: Vintage Books and Russell Sage Foundation, 1999.

Nietzsche, Friedrich, "Beyond Good and Evil" and "The Genealogy of Morals", in *Basic Writings of Nietzsche*, trans., ed., and with an Introduction and notes by Walter Kaufmann, New York: Random House, 2000.

Nisbett, Richard E., and Dov Cohen, *Culture of Honor: The Psychology of Violence in the South*, Boulder, CO, and Oxford: Westview Press, 1996.

Page, A., S. Morrell, and R. Taylor, "Suicide and Political Regime in New

South Wales and Australia during the 20th Century", *Journal of Epidemiological Community Health*, 6: 766-772, 2002.

Patterson, Orlando, *Rituals of Blood: Consequences of Slavery in Two American Centuries*, New York: Basic Books, 1998.

Patterson, Orlando, *Slavery and Social Death: A Comparative Study*, Cambridge, MA: Harvard University Press, 1982.

Peristiany, J. G., *Honour and Shame: The Values of Mediterranean Society*, Chicago: University of Chicago Press, 1966.

Peristiany, J. G., and Julian Pitt-Rivers, eds., "Introduction", in *Honor and Grace in Anthropology*, Cambridge: Cambridge University Press, 1992.

Perkinson, Robert, *Texas Tough: The Rise of America's Prison Empire*, New York: Metropolitan Books, Henry Holt and Company, 2010.

Pew Research Center for the People and the Press, "The 2005 Political Typology: Beyond Red vs. Blue: Republicans Divided about Role of Government - Democrats by Social and Personal Values", May 10, 2005. Downloaded from www.people-press.org.

Pitt-Rivers, Julian, "Honor", pp. 503-511 in *International Encyclopedia of the Social Sciences*, 1968.

Pitt-Rivers, Julian, "Honor and Social Status", pp. 19-77 in J. G. Peristiany, ed., *Honour and Shame: The Values of Mediterranean Society*, Chicago: University of Chicago Press, 1966.

Ponnuru, Ramesh, *The Party of Death: The Democrats, the Media, the Courts, and the Disregard for Human Life*, 2006.

Popper, Karl, *The Logic of Scientific Discovery*, London: Hutchinson, 1959.

Reiss, Albert J. Jr., and Jeffrey A. Roth, eds. (Panel on the Understanding and Control of Violent Behavior, National Research Council, National Academy of Sciences), *Understanding and Preventing Violence*, Vol. I, Washington, DC: National Academy Press, 1993.

Rochlin, Gregory, *Man's Aggression: The Defense of the Self*, Boston: Gambit, 1973.

Rosaldo, Michelle, ed., *Towards an Anthropology of the Emotions: Rethinking Shame and Guilt* (Proceedings of a Symposium of the American Anthropological Association), Washington, DC: American Anthropological Association, 1983.

Sabini, John, "Aggression in the Laboratory", pp. 343–371 in Irwin L. Kutash, Samuel B. Kutash, and Louis B. Schlesinger, eds., *Violence: Perspectives on Murder and Aggression*, San Francisco: Jossey-Bass, 1978.

Schlesinger, Arthur Jr., *The Imperial Presidency*, Boston: Houghton Miffl in, 1989

Schwartz, Sunny (with David Boodell), *Dreams from the Monster Factory: A Tale of Prison, Redemption and One Woman's Fight to Restore Justice to All* (with an Introduction by James Gilligan), New York: Scribner, 2009.

Shaw, M., D. Dorling, and G. Davey Smith, "Mortality and Political Climate: How Suicide Rates Have Risen during Periods of Conservative Government, 1901–2000", *Journal of Epidemiological Community Health*, 56: 723–725, 2002.

Silberman, Charles E., *Criminal Violence, Criminal Justice*, New York: Random House, 1978.

Thomas, Herbert E., "Experiencing a Shame Response as a Precursor to

Violence", *Bulletin of the American Academy of Psychiatry Law*, 23(4): 587-593.

Tomkins, Silvan S., "Ideology and Affect", pp. 109-167 in E. Virginia Demos, ed., *Exploring Affect: The Selected Writings of Silvan S. Tomkins* (Studies in Emotion and Social Interaction), Cambridge: Cambridge University Press, 1995.

Tomkins, Silvan S., "The Right and the Left: A Basic Dimension of Ideology and Personality", pp. 389-411 in R. W. White, ed., *The Study of Lives*, New York: Atherton Press, 1963.

West, Donald J., *Murder Followed by Suicide*. Cambridge, MA: Harvard University Press, 1967.

Wilkinson, Richard, "Why is Violence More Common Where Inequality Is Greater?" pp. 1-12 in John Devine, James Gilligan, Klaus A. Miczek, Rashid Shaikh, and Donald Pfaff, eds., *Youth Violence: Scientific Approaches to Prevention*, *Annals of the New York Academy of Sciences*, 1036, 2004.

Wilkinson, Richard, and Kate Pickett, *The Spirit Level: Why Greater Equality Makes Societies Stronger*, New York: Bloomsbury Press, 2009.

Wilson, William Julius, *When Work Disappears: The World of the New Urban Poor*, New York: Vintage, 1996.

Wolcott, James, "Red State Babylon", *Vanity Fair*, Nov. 2006, p. 162.

Wolff, Edward N., *Top Heavy: The Increasing Inequality of Wealth in America and What Can Be Done about It* (An Expanded Edition of a Twentieth Century Fund Report), New York: The New Press, 1996.

Wolfgang, Marvin E., and Franco Ferracuti, *The Sub-Culture of Violence*,

Beverly Hills, CA: Sage Publications, 1982.

Wolfgang, Marvin E., *Patterns in Criminal Homicide*, New York: Science Editions, John Wiley & Sons, 1966. (original publication: Philadelphia, PA: University of Pennsylvania Press, 1958.)

Wyatt-Brown, Bertram, *Southern Honor: Ethics and Behavior in the Old South*, Oxford and New York: Oxford University Press, 1982; abridged version: *Honor and Violence in the Old South*, Oxford and New York: Oxford University Press, 1986.

Zahn, Margaret A., and Patricia L. McCall, "Homicide in the 20th-Century United States: Trends and Patterns", pp. 10-30 in M. Dwayne Smith and Margaret A. Zahn, eds., *Studying and Preventing Homicide: Issues and Challenges*, Thousand Oaks, CA, London, and New Delhi: SAGE Publications, 1999.

19세기 초까지만 하더라도 영국에서는 자살한 사람의 시신은 길가에 그대로 방치되었다. 신이 내린 소중한 목숨을 함부로 끊는 것은 남의 목숨을 함부로 끊는 것 못지않게 심각한 범죄 행위였다. 자살한 사람의 정신 상태가 정상이 아니었을 때에만 정상 참작이 되어 관에 안치되었다. 자살과 살인은 똑같이 심각한 형사 범죄 행위로 다루었지만 자살을 저지르는 동기와 살인을 저지르는 동기는 전혀 다르다고 여겼다. 자살은 실성한 사람이 저지르고 살인은 흉포한 사람이 저지른다고 보았다.

자살을 범죄 행위로 보는 인식이야 지금은 없어졌지만 자살과 살인의 동기는 아직도 별개로 다루는 것이 보통이다. 자살은 정신의학에서 다룰 범주고 살인은 범죄학에서 다룰 범주라는 것이 아직도 대부분 사회에서 통념으로 자리 잡고 있다. 그러나 이런 통념이 조금씩 흔들리고 있다. 자살을 하는 사람도, 살인을 하는 사람도 남들로부터 아무 짝에도 쓸모없는 인간으로 취급받는다는 괴로움을 이기지 못해서 나를 죽이고 남을 죽인다는 새로운 학설이 확산

되고 있다. 이 새로운 학설의 선봉에 선 이가 바로 이 책을 쓴 미국의 정신의학자 제임스 길리건 박사다.

길리건 박사에 따르면 자살자도 살인자도 똑같이 수치심 때문에 자신의 목숨을 끊거나 남을 해친다. 힘이 약한 사람은 쓸모없는 존재가 되어버린 내 모습을 내 머리에서 지우려고 나를 죽이고 힘이 센 사람은 쓸모없는 존재가 되어버린 내 모습을 남의 머리에서 지우려고 남을 죽인다. 수치심은 좁게는 가정 안에서, 넓게는 사회 속에서 자신이 불필요한 존재가 되었다는 인식에서 비롯되므로 수치심을 부추기는 문화일수록 살인율과 자살률이 똑같이 올라가게 마련이다.

자살은 나를 겨누고 살인은 남을 겨누지만 똑같은 폭력이므로 길리건 박사는 이 둘을 하나로 묶어서 '폭력 치사'라고 부른다. 그러나 길리건 박사가 이 둘을 하나의 범주로 묶는 더 중요한 이유는 자살도 살인도 결국 사회가 개인을 상대로 저지르는 폭력이라는 점에서는 근본적으로 같다고 보기 때문이다.

길리건 박사는 수치심과 폭력 치사의 밀접한 연관성을 밝혀내는 데 그치지 않고 미국에서 공화당 출신의 대통령이 집권할 때마다 폭력 치사 발생률이 치솟는다는 중요한 연관성을 발견하고 그 이유를 규명한다. 공화당 대통령이 백악관을 차지할 때마다 살인율과 자살률이 급증하는 이유는 한마디로 공화당의 정책이 있는 사람만 대접하고 없는 사람을 괄시하면서 없는 사람들을 자꾸만 수치심을 느끼게 몰아가기 때문이다.

공화당은 선거 때는 기업 활동에 족쇄를 채우는 규제를 풀어 일자리를 늘리고 범죄를 엄단하겠다면서 표를 긁어 가지만 지난 100년 동안의 성적을 보면 공화당 집권기에 미국은 어김없이 실업률이 올라가고 범죄율이 치솟았다. 그런데도 미국의 유권자들이 공화당을 찍는 중요한 이유를 저자는 공화당의 '분할 정복' 전략에서 찾는다. 공화당은 1960년대에 이루어진 각종 시민권 법안에 대한 백인의 반감을 부채질하는 교묘한 인종주의 전략으로 루스벨트 대통령의 뉴딜 정책 이후 이어진 민주당의 장기 집권을 종식시켰다. 분할 정복 전략의 핵심은 못사는 백인이 잘사는 백인에게 반감을 품지 않도록 더 못사는 흑인에게 우월감과 반감을 품게 만드는 것이었다.

분할 정복 전략이 주효하려면 범죄율이 높게 유지되어야 한다. 범죄는 주로 못사는 사람이 저지르고 그 피해도 주로 못사는 사람이 입는다. 잘사는 사람은 사설 방범업체가 철통같이 지켜주므로 범죄율이 올라가도 피해를 별로 보지 않는다. 그러나 절대 다수의 못사는 사람은 범죄에 그대로 노출되므로 범죄를 저지르는 똑같이 못사는 사람에 반감을 품고, 말로만 범죄 엄단을 내세우는 공화당을 찍게 마련이다. 공화당은 99퍼센트의 중산층과 서민을 이간질하는 이런 분할 정복 전략으로 1970년 이후 장기 집권을 하면서 부자 감세와 서민 쥐어짜기로 미국을 말아먹고 빚더미에 앉혀놓았다.

분할 정복 전략은 미국의 전유물이 아니다. 미국의 1퍼센트는 인종

주의로 99퍼센트를 분할 정복하지만 한국의 1퍼센트는 지역주의로 99퍼센트를 분할 정복한다. 아울러 99퍼센트를 위한 정책을 추구하는 정치 세력과 정치인을 '포퓰리즘'으로 몰아가면서 포퓰리즘은 나쁜 것이라고 생각하게끔 99퍼센트를 세뇌하는 교묘한 계급주의까지 구사한다.

영어 '포퓰리즘(populism)'은 원래 나쁜 뜻으로 쓴 말이 아니었다. 포퓰리즘은 19세기 말에 소수의 이익만 추구하는 미국 주류 엘리트 정치 세력에 반감을 품고 미국의 서민들이 만든 '인민당(People's Party, 통칭 포퓰리스트당Populist Party)'에 몸담은 사람들이 추구하던 가치였다. 미국의 금권과 언론을 장악한 소수 1퍼센트가 하도 더럽히고 한국의 금권과 언론을 장악한 소수 1퍼센트가 하도 짓밟아서 오염어가 되었지만 포퓰리즘은 원래는 '서민주의'를 뜻했다.

길리건 박사는 미국의 중산층과 서민 99퍼센트가 좀 더 사람답게 살려면 1퍼센트의 분할 정복 전략에 휘둘리지 말고 어떤 당이 99퍼센트를 위한 정책을 내놓는지를 보고 투표해야 한다고 조언한다. 중요한 것은 정당이 추구하는 정책이지 인물이 아니다. 내실 있는 정치는 정당이 하는 것이지 정치인 개인이 하는 것이 아니기 때문이다. 어떤 당이 정권을 잡느냐에 따라서 99퍼센트와 그 후손의 운명이 왔다 갔다 하는 것은 꼭 미국만의 사정은 아닐 것이다.

가장 최신 자료인 2010년 통계에 따르면 한국인은 2010년 한 해 동안 모두 1만 5,566명이 자살했다. 한국은 인구 10만 명당 자살률이 31.2명으로 OECD 1위(세계 2위)다. 2위인 일본은 20명이 채 안된다. 특히 10대에서 30대까지는 사망 원인 1위가 자살이다. 한국은 출산율도 세계 최하위 수준이다(2011년 미국 중앙정보국 월드팩트북 보고서에서 세계 222개 나라 중 217위). 한국은 잘사는 사람에게는 천국이고 못사는 사람에게는 지옥임을 높은 자살률과 낮은 출산율이 말해준다.

자기 목숨을 스스로 끊는 행위를 지금은 자살이라고 하지만 예전에는 자진(自盡)이라는 말을 썼다. 진이 빠져서 당하는 죽음, 어쩌면 한국인의 자살은 배경 없고 힘없는 개인에게 참을 수 없는 수치심을 안기면서 극단적 경쟁을 강요하고 소수의 상층부에게는 권력과 금력의 무경쟁 세습을 무한정 허용하는 불공평한 경쟁 지상주의 사회에서 버틸 대로 버티다가 탈진한 사람들이 마지막으로 택하는 길인지도 모른다.

자살과 살인이라는 폭력 치사 행위는 결국 수치심을 못 견딘 개인의 자진이고 개인을 그런 수치심으로 몰아간 사회의 살인이다. 미국에서도 한국에서도, 1퍼센트가 아니라 99퍼센트를 위하는 정부를 99퍼센트의 유권자가 선택하는 데에 이 책이 조금이나마 도움이 되기를 간절히 바란다.

이희재

서울대학교 심리학과를 졸업하고, 성균관대학교 독문학과 대학원을 수료했다. 영국 런던 대학 SOAS(아시아아프리카대학)에서 영한 번역을 가르쳤다. 지은 책으로 《번역의 모험》 《번역의 탄생》《번역전쟁》《국가부도경제학》이 있다. 옮긴 책으로 《마음의 진보》《히틀러》 《헬렌을 위한 경제학》《미완의 시대》《몰입의 즐거움》《수유이 주만》《모닝의 능물》 능이 있나.

왜 어떤 정치인은 다른 정치인보다 위험한가

2012년 2월 27일 초판 1쇄 발행
2015년 4월 25일 2판 1쇄 발행
2023년 5월 26일 3판 1쇄 발행
2024년 10월 11일 3판 4쇄 발행

■ 지은이 ─────── 제임스 길리건
■ 옮긴이 ─────── 이희재
■ 펴낸이 ─────── 한예원
■ 편집 ─────── 이승희, 윤슬기, 양경아, 김지희, 유가람
■ 펴낸곳 **교양인**
          우 04015 서울 마포구 망원로6길 57 3층
          전화 : 02)2266-2776 팩스 : 02)2266-2771
          e-mail : gyoyangin@naver.com

ⓒ 교양인, 2023
ISBN 979-11-87064-99-2 03300

* 잘못 만들어진 책은 바꾸어드립니다.
* 값은 뒤표지에 있습니다.